ELABORAÇÃO, MONITORAMENTO E AVALIAÇÃO DE PROJETOS SOCIAIS

Nadja Aline Melo de Oliveira

"O que não se mede não se administra, o que não é mensurável, torne-o mensurável."

GALILEU GALILEI

CONTENTS

APRESENTAÇÃO

Elaboração, Monitoramento e Avaliação de projetos, programas e políticas sociais é um livro de referência para estudantes de graduação e pós-graduação em Ciências Humanas e Sociais, bem como para profissionais que atuam na área de intervenção social. Nele você encontrará tanto os fundamentos quanto os instrumentos técnicos necessários para o desenvolvimento de projetos, programas e políticas sociais.

Esta obra nasceu da dupla preocupação: em primeiro lugar, apresentar aos iniciantes, de maneira simples e acessível, os elementos necessários para elaboração, monitoramento e avaliação de projetos, programas e políticas sociais e em segundo garantir aos profissionais da área de pesquisa e gestão social condições para a organização de conhecimentos dispersos, obtidos ao longo da vida acadêmica e da prática e contato direto com os projetos sociais.

Neste livro você perceberá a importância da análise dos projetos e programas sociais, pois conhecer profundamente a realidade da comunidade e das políticas a elas relacionadas é fator essencial para o desenvolvimento de ações fundamentadas de intervenção social. No final da leitura você deverá ser capaz de entender a origem das preocupações sociais por parte dos atuais governantes e gestores sociais e distinguir os tipos de políticas sociais; compreender o impacto da racionalidade, da eficácia, eficiência e efetividade como fim da política social e analisar os tradicionais defeitos e as novas diretrizes das políticas sociais.

ANÁLISE DE PROJETOS SOCIAIS: EVOLUÇÕES E TENDÊNCIAS

"Um especialista é alguém que conhece alguns dos piores erros que podem ser cometidos na sua especialidade e como evitá-los. Werner Heisenberg – Alemão (1901 – 1976) – Físico.

Neste capítulo estudaremos a importância da análise dos projetos e programas sociais, pois conhecer profundamente a realidade da comunidade e das políticas a elas relacionadas é fator essencial para o desenvolvimento de ações fundamentadas de intervenção social. No final da leitura você deverá ser capaz de entender a origem das preocupações sociais por parte dos atuais governantes e distinguir os tipos de políticas sociais; compreender o impacto da racionalidade, da eficácia, eficiência e efetividade como fim da política social e analisar os tradicionais defeitos e as novas diretrizes das políticas sociais.

1. INTRODUÇÃO

Nas últimas décadas é crescente a preocupação dos governantes principalmente dos países subdesenvolvidos com a questão social e ambiental devido às precárias condições de vida da população e da degradação do meio ambiente, em decorrência do aumento da necessidade de consumo que emerge da sociedade do capital e das sucessivas crises capitalistas e socialistas ocorridas desde a década de 1980.

É sabido que o risco na área econômica e social conduz a uma instabilidade política, daí o interesse crescente dos governantes, pelo menos em sua plataforma de governo, por temas como violência, pobreza, saneamento, saúde, etc. Desta forma, "a questão social transforma-se em fato político e as sugestões para solucioná-la constituem-se em elementos definidores de projetos e programas" (LOUREL, 1997 apud ROMERA E PAULILO, 2006, p. 3).

Mas, o que vem a ser "questão social" e questão ambiental?

A "questão social" é um fenômeno inerente ao capitalismo e pode ser entendida como um conjunto de contradições e conflitos que emergem da relação capital x trabalho produzindo e reproduzindo a desigualdade social. Assim, a "questão social" manifesta-se na vida cotidiana das pessoas, grupos e populações. Segundo Romera e Paulilo (2006, p. 3) é importante ressaltar que, "além da característica de classe social, a questão social incorpora recortes de gênero, etnia, opção sexual e meio ambiente."

Já a "questão ambiental" pode ser definida como a incapacidade do planeta de fornecer ininterruptamente os recursos naturais dados a crescente depredação da natureza por parte do sistema produtivo atual calcado em um alto nível de produção e consumo. (SILVA, 2010). A Figura 01 mostra esquematicamente o interesse governamental pelos programas e projetos sociais a partir da década de 1980:

Figura 01: Interesse governamental pelos programas sociais

Fonte: autora baseado em Cohen & Franco (2011)

Como mostra a figura 01, a deterioração das condições de vida da população elevou o índice de violência social. Com isto, a população passa a exigir a intervenção da esfera pública nos problemas sociais. Assim, a partir da década de 1980 os governantes ampliam a sua plataforma de governo, buscando além do ajuste econômico a ampliação das suas ações aos grupos mais afetados por esta conjuntura.

Neste contexto de altas demandas sociais o governo passa a construir uma nova institucionalidade: a criação de uma rede descentralizada e desconcentrada de serviços sociais.

Mas, o que seria uma política desconcentrada? E uma política descentralizada? Qual a diferença entre elas? Por que os governos a partir da década de 1990 resolvem adotá-las?

Bom, se você ficou confuso ou não soube responder as indagações acima chegou a hora de tirar estas dúvidas. A <u>política desconcentrada</u> ocorre quando a administração de um Estado transfere funções a outras esferas governamentais. Exemplo: o governo federal pode delegar a administração de programas para a esfera estadual e, a esfera estadual pode delegar atribuições à esfera municipal. Note que a transferência ocorre na mesma esfera jurídica - o Estado (hierarquia). A esfera municipal é a que está mais próxima da população conhecendo as suas principais dificuldades e potencialidades, logo, os projetos sociais devem em sua maior parte serem produzidos por este domínio governamental.

A <u>política é descentralizada</u> quando a transferência de competências ocorre entre a esfera governamental e a sociedade civil incorporando novos atores. Neste caso, a uma chamada por parte do governo federal, estadual ou municipal para a participação de ONGs, associações, grupos, etc. na formulação de projetos e programas sociais. No caso do Brasil as empresas privadas possuem dedução de impostos como uma forma de incentivo e estímulo a sua participação social.

Mas, qual a importância de tudo que foi dito anteriormente para os profissionais da intervenção social? Qual a relação existente entre o aumento da demanda por políticas sociais desconcentradas

*e descentralizadas e a racionalidade e avaliação dos projetos, progra-
mas e planos sociais?*

Considere que o gestor social deve protagonizar um tratamento teórico-crítico mediando e discutindo a melhor maneira de implementar, monitorar e avaliar um projeto, um programa ou um plano social. É importante ressaltar que, a consecução de um projeto social favorece o aparecimento de interfases e a construção de interdisciplinaridades. Veja que este interesse não se restringe apenas as Ciências Sociais, múltiplas áreas do conhecimento têm orientado suas pesquisas para "questão social" e consequentemente para as políticas sociais a fim de avaliar possíveis impactos, e analisar o custo e o benefício de cada influência no sistema.

Contudo, apesar do interesse crescente pelos projetos, programas existem poucas maneiras de solucionar a crescente demanda por políticas sociais. Este impasse surge porque isto implica em um aumento de recursos destinados ao social em orçamentos cada vez mais restritos. Assim, a única solução viável seria aumentar a Racionalidade dos projetos, programas e políticas sociais aumentando a produtividade e os bens e serviços disponíveis.

2. RACIONALIDADE, EFICIÊNCIA, EFICÁCIA E EFETIVIDADE COMO FINS DA POLÍTICA SOCIAL

Hoje o que se busca em um projeto, programa ou política social é a racionalidade visando alcançar a equidade. Esta por fim, é conseguida através de instrumentos para alcançar os fins fixados pela sociedade: eficácia, eficiência e efetividade.

Mas, o que vem a ser um programa que vise a "equidade"? O que isto significa de fato? E qual a sua importância para os projetos sociais, bem como, para a sociedade como um todo?

Para responder estas indagações veja a Figura 02:

Figura 02: Necessidades Sociais e equidade

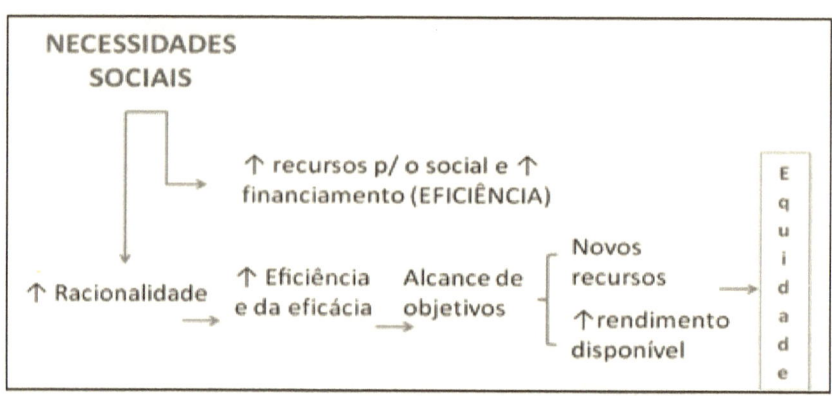

Fonte: autora baseado em Cohen & Franco (2011).

Observe que as necessidades sociais na atualidade demandam aumento dos recursos e financiamento destinados aos projetos sociais, logo, os responsáveis pelo projeto devem buscar a racionalidade. Esta por sua vez, só é atingida através da eficácia e eficiência, em outras palavras, quando se alcança os objetivos propostos com menor custo e tempo.

Quando um projeto é eficaz e eficiente aumentam os rendimentos disponíveis e abre caminho para a captação de novos recursos, consequentemente mais pessoas são beneficiadas ampliando a quantidade e melhorando a qualidade do projeto. É assim que se alcança a equidade. Para simplificar a análise, basta entender que para se conseguir a equidade em um projeto social é preciso avaliar em que grau os benefícios estão sendo distribuídos.

A distribuição é feita de maneira justa e compatível com suas necessidades? Esta é a pergunta que você terá que responder quando coordenar ou fizer parte da equipe técnica de um projeto.

Vamos falar mais um pouco sobre a eficácia e a eficiência de uma política social, pois afinal de contas seu projeto de intervenção só será equiname e racional se cumprir estes dois requisitos.

Conceitualmente, a <u>eficácia</u> está relacionada ao atendimento do objetivo/meta desejado, significa fazer o que necessita ser feito para alcançar o objetivo traçado. Resumidamente, seria alcançar o objetivo/meta.

Atenção: não são considerados os custos incorridos! Neste caso, se você coordenador do projeto conseguir atender a meta estipulada no projeto de intervenção este será eficaz. Este conceito é diferente do conceito de eficiência, embora estejam estritamente ligados.

A <u>eficiência</u> está relacionada à forma de realizar a tarefa, ou seja, se ela é feita no menor tempo e custo possível. Neste caso, o projeto para ser eficiente tem que ser antes de qualquer coisa eficaz, logo a eficácia é uma condição *sine-qua-non* para a eficiência. Neste caso, você que faz parte da equipe técnica do projeto social deve atender ao objetivo/ meta estipulada no projeto (eficácia) com o menor custo e tempo possível, mantendo a qualidade e a equidade (eficiência). Ser eficiente é fazer o melhor com o menor custo e tempo possível.

Agora que você tem uma ideia do que seja eficácia e eficiência vamos examinar um exemplo hipotético:

(Caso I) Suponha que você sentiu dor de cabeça e o médico prescreve um remédio cuja bula diz que o efeito máximo do remédio ocorre aos 45 minutos após a sua administração. Você toma o remédio e neste tempo prometido sua dor passa.

(Caso II) Após uma semana sua dor de cabeça volta e você retorna à farmácia e a farmacêutica diz que possui um remédio similar que na bula diz que o efeito máximo do remédio ocorre aos 30 minutos após a sua administração. Você toma o remédio e neste tempo sua dor passa. Os remédios possuem o mesmo preço de mercado.

Para você qual remédio, caso I ou caso II, seria eficaz e qual seria eficiente?

Bom, se você respondeu que ambos são eficazes e apenas o segundo é eficiente, você acertou. Caso tenha errado na escolha cabe frisar que ambos os remédios cumpriram seus objetivos/metas prometidos na bula. O primeiro promete sanar o problema em 45 minutos e cumpre. O segundo promete sanar o mesmo problema em 30 minutos e cumpre. Logo, ambos cumpriram o que prometeram, consequentemente são eficazes. Mas, apenas o segundo é eficiente, pois conseguiu sanar o problema em menos tempo. Está vendo? A eficiência está relacionada sempre ao custo (neste caso específico o mesmo para ambos os remédios) e ao tempo.

Imagine agora que este princípio (eficácia e eficiência) deve ocorrer também nos projetos de intervenção. Assim, os formuladores de políticas, programas e projetos sociais devem buscar sistematicamente a eficácia e a eficiência, bem como, a efetividade nos serviços sociais.

Observe que incorporamos mais um conceito na hora de elaborar/avaliar um projeto social. Este novo conceito é o de efetividade. A efetividade está relacionada à mudança positiva no público-alvo, ou seja, se houve impacto positivo para os beneficiários.

Para que um programa social seja efetivo ele deve ser eficaz, eficiente e satisfazer os beneficiários. Assim, para verificar a efetividade tenho que calcular a eficácia, eficiência e aplicar questionários com os beneficiários do projeto para saber a aceitabilidade.

Você pode estar se perguntando, mas se eu atingir meus objetivos/metas estabelecidas com menor custo e tempo possível, eu automaticamente, não estaria satisfazendo os beneficiários?

A resposta é: nem sempre! Às vezes a meta não é bem formulada e o projeto oferece um serviço que não é prioridade para o público-alvo, ou os beneficiários não tenham sido atendidos com a qualidade que esperava etc.

Estes três conceitos eficácia, eficiência e efetividade são utilizados como medida de avaliação de projetos, programas e políticas. Então, vamos recapitular: a eficácia mede os efeitos, ou seja, é a medida do grau em que o programa atinge os seus objetivos e metas, já a eficiência é um termo originado nas Ciências Econômicas que significa a menor relação custo/benefício possível para o alcance dos objetivos estabelecidos no programa e mede a relação entre os recursos e os resultados.

Por fim, a efetividade mede o impacto das mudanças, duradouras ou efetivas, produzidas pelas intervenções da política submetida à avaliação. Estes conceitos serão expostos com mais detalhes nos próximos capítulos.

Cumpre frisar que, a busca da racionalidade das políticas sociais através da eficácia, eficiência e efetividade tem como objetivo o alcance da equidade. Como mostra Barreira (2000) apud Romera e Paulilo (2006, p. 6):

> Consideramos por fim que, diante do contexto explicitado, a gestão de uma política social configura-se em três dimensões que se articulam entre si, sob uma direção ético-filosófica. A primeira é a dimensão propositiva, ou seja, a concepção da política social e de seus programas e projetos; a segunda é a execução, isto é, a implementação da política por meio de serviços, programas e projetos sociais. Este é um campo complexo, que exige ações de ordem política, teórico-técnica, administrativa e burocrática; finalmente a terceira dimensão é a gestão de resultados e impactos, pela qual se vão mensurar a eficiência, a efetividade e a eficácia dos programas, projetos e serviços sociais planejados e implementados. O processo de avaliação geralmente está relacionado a uma determinada identificação do padrão de mérito, a uma investigação do desempenho da situação avaliada nesses padrões e uma interação ou síntese dos resultados para alcançar uma avaliação global ou um conjunto de avaliações. Desta forma, a avaliação de políticas e programas

sociais é uma atribuição de mérito ou julgamento sobre seu grau de eficiência, eficácia e efetividade.

Para analisar os princípios de equidade e eficiência nas políticas sociais é conveniente distinguir três tipos de políticas socais. Observe a Figura 03 a seguir.

Figura 03: Tipos de políticas sociais

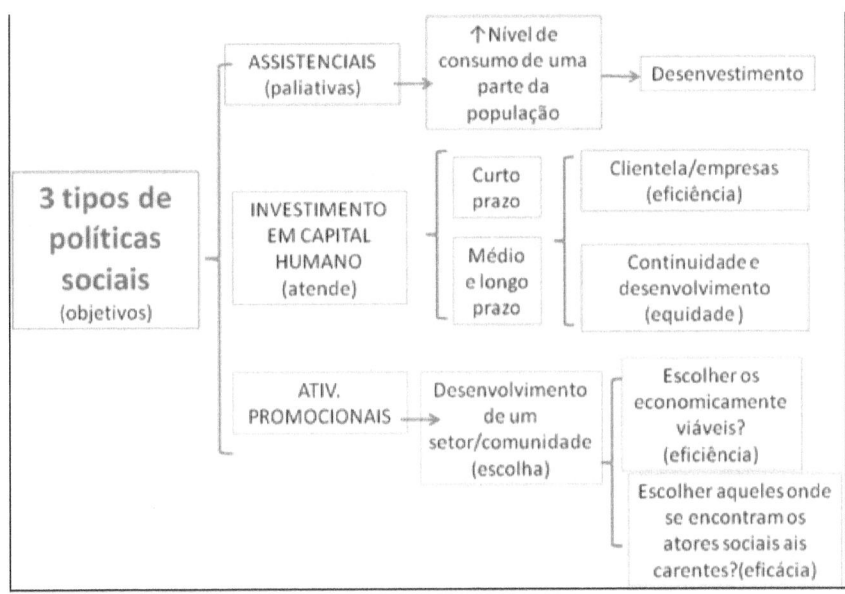

Fonte: autora.

Como mostra a Figura 03, as políticas assistenciais visam aumentar o consumo de uma parte da população, como o programa Bolsa família, e são regidas apenas pelo princípio da equidade. Normalmente, estas políticas são emergenciais e de curto prazo, pois visam suprir uma carência imediata da população (nível conjuntural). É considerada pela Ciência Econômica como desinvestimento (gasto), pois não altera de maneira estrutural e permanente a vida dos indivíduos beneficiados.

A política de capital humano é uma política que visa resultados de médio e longo prazo e está relacionada com a educação e a qualificação profissional (nível estrutural) e atente tanto as demandas sociais quanto as demandas econômicas. Assim, neste tipo de política, vigora o princípio da equidade e da eficiência, mudando substancialmente a vida do público-alvo (mobilidade social), logo é considerada como um investimento, pois visa o desenvolvimento (crescimento econômico acompanhado de bem-estar social) de um país.

O último tipo de política visa promover o desenvolvimento de um setor (exemplo - mulheres rendeiras), um local (exemplo - Lauro de Freitas) ou uma comunidade (exemplo - quilombola). Atualmente, há um estímulo por parte da esfera governamental para a consecução deste tipo de política visando o desenvolvimento de localidades, principalmente as comunidades distantes dos grandes centros urbanos. Esta medida visa evitar o êxodo rural, o inchaço das grandes cidades e a degradação ambiental, bem como, manter as pessoas nas suas terras de origem. Este tipo de política requer que se faça uma escolha: escolheremos, dentro do espírito do projeto, as pessoas e os lugares economicamente e/ou fisicamente viáveis para o conseguimento do projeto ou os atores mais carentes desta comunidade?Antes de responder, é importante frisar que cada alternativa tem custos e benefícios diferentes, logo esta escolha não é fácil! Qual das duas alternativas você escolheria? Para facilitar o seu raciocínio, e consequentemente a sua escolha, imagine que uma ONG resolve abrir 15 vagas de um curso de violão para crianças carentes do Bairro Azul. Os formuladores do projeto irão se deparar com uma difícil escolha:

Escolha 1(apenas a equidade): escolher os 15 meninos mais carentes da comunidade pobre.

Escolha 2 (eficiência): dentre os meninos de toda comunidade pobre escolher os 15 melhores.

Qual destas opções você escolheria? Por quê?

Caso tenha escolhido a primeira alternativa, saiba que você desconsiderou a vocação e a habilidade destas crianças. Vamos supor que você ofereceu a vaga para o menino mais pobre da comunidade, mas, este não possui vocação, habilidade ou preferência por este tipo de atividade. Esta criança se esforça, tenta, contudo não apresenta um bom desempenho e sai do projeto com uma grande frustração e baixa auto-estima. Esta escolha pode apresentar ainda outra consequência: você excluiu um menino pobre do projeto (não o mais pobre, mas também pobre) e que talvez não tenha outra chance de expressar seus dons artísticos e ganhar seu sustento com ele (por falta de recursos e oportunidades). Claro que estamos aqui fazendo conjecturas, porém, este simples exemplo ilustra como é difícil escolher o critério para a escolha do público-alvo de um projeto social. Optar pela eficiência pode ser o custo social de não satisfazer as necessidades dos mais carentes, mas viabilizar, em médio prazo, um processo dinâmico auto-sustentado. Segundo Cohen e Franco (2011, p. 26):

> Quaisquer que sejam os fins últimos da política social, a avaliação permite incrementar a eficiência na con-

secução do critério aceito como fim, inclusive se este é a equidade. No plano da elaboração de políticas sociais prima justamente o princípio da equidade. Em segundo plano, as políticas sociais respeitam ambos os princípios, a equidade e a eficiência. Em um terceiro plano, o da implementação, não se deve evitar procurar a eficiência quando se quer alcançar a equidade.

É importante frisar que, na atualidade busca-se por em prática conceitos como eficácia, eficiência e efetividade, procurando assim, um novo paradigma social abandonando os defeitos tradicionais das políticas sociais como será mostrado na próxima seção.

3. DEFEITOS TRADICIONAIS DAS POLÍTICAS SOCIAIS BRASILEIRAS E A MUDANÇA DE PARADIGMA

Para o estudo de programas e projetos sociais, é conveniente usar as definições e as classificações de Cohen & Franco (1993) para os tradicionais defeitos das políticas sociais. Embora os autores se refiram a América Latina, todos estes tradicionais defeitos já foram identificados em diversas políticas sociais brasileiras. Assim, seguem abaixo de forma sucinta as principais características destas políticas.

Dentre os principais defeitos tradicionais das políticas sociais brasileiras pode-se citar:

A. Acesso segmentado: os serviços sociais não estão abertos para toda a população. Diferentes grupos foram obtendo vantagens em relação a outros e conseguindo concessão do direito de usufruir determinado serviço (poder econômico ou de reivindicação). Exemplo: bairros com associações mais efetivas conseguem mais recursos do governo municipal.

B. Universalismo aparente: todos os habitantes têm o direito de usufruir do serviço, porém na realidade muitos são excluídos. Exemplo: ensino público gratuito brasileiro. A nossa constituição diz que o ensino gratuito é direito de todos. Mas, os pobres e miseráveis provenientes das escolas públicas brasileiras com um ensino de baixa qualidade, conseguem passar no vestibular? E uma boa colocação no mercado de trabalho? Todos os brasileiros têm acesso ao ensino?

Não podemos deixar de verificar que todos têm direito à educação de qualidade gratuita, afinal de contas, a política é universal e todos os brasileiros pagam impostos para isto. O que está em discussão é que a parcela mais pobre da população não consegue usufruir deste direito como deveria.

C. Regressividade: políticas sociais promocionais que acabam privilegiando a classe média e alta em detrimento da classe baixa. Exemplo: Política habitacional. Quem realmente consegue financiamento para a sua casa própria no Brasil? Qual a faixa de renda mínima para obter este recurso? No Programa Minha Casa Minha Vida quais os critérios para se comprar um imóvel? Qual o percentual de gastos desta política com quem é considerado verdadeiramente pobre (1/2 salário mínimo *per capita*) e miserável (1/4 de salário mínimo *per capita*) no Brasil? Respondidas todas estas perguntas, se verificarão que a maioria dos recursos desta política está sendo disponibilizado para quem está acima da linha da pobreza no Brasil (1/2 salário mínimo *per capita*). Logo, esta política ainda é regressiva.

D. Tradicionalismo, inércia ou descontinuidade: no Brasil é muito difícil descontinuar um programa, mesmo quando for evidente que não está alcançando seus objetivos. O oposto também pode acontecer descontinuando um projeto que precisaria de mais tempo para amadurecer (médio e longo prazo). Normalmente, esta decisão depende de outros interesses inclusos.

E. Surgimento aluvial de novos temas e instituições: colocando em uma linguagem bem simples, no Brasil os temas são abordados dependendo da "Moda". A palavra aluvial neste sentido pode ser compreendida como grande quantidade, enchente, enxurrada. Os recursos só são destinados para aquela problemática. Exemplo: há cinco anos a moda era falar de gênero, hoje falar de meio ambiente. Isto não quer dizer que não devamos falar de meio ambiente (existe demanda para isto), porém não podemos abandonar projetos relacionados a gênero, pois estes problemas ainda não foram sanados. Contudo, os congressos científicos, as portarias e editais públicos só fazem chamadas para o tema da moda. *E o meu projeto que trabalha a questão de gênero? Conseguirei verbas?* Certamente será mais difícil.

F. Corrupção: modificação, adulteração das características originais dos projetos e programas com o intento de obter vantagens por meios considerados ilegais ou ilícitos. Assim, a corrupção na política é um meio ilegal de se conseguir algo, e, no Brasil pode estar presente em todos os poderes do governo, bem como no Legislativo, no Judiciário e no Executivo. Contudo, a corrupção não existe apenas na política, mas também nas relações sociais humanas. Para que se configure a corrupção, são precisos no mínimo dois atores: o corruptor e o corrompido, além do sujeito conivente e o sujeito irresponsável, em alguns casos.

Dados estes defeitos tradicionais das políticas públicas é de crucial importância que se procure novas orientações e diretrizes para solucionar os problemas das Políticas Sociais brasileiras. Assim nas últimas décadas diversos teóricos e cientistas sociais sugerem que se busque praticar uma política compensatória, aumentar a eficiência e eficácia do gasto social, conseguir que o público-alvo use os recursos e por fim avançar no conhecimento técnico.

Admite-se assim, praticar uma política compensatória (seletividade) no lugar do universalismo. Chegou-se a conclusão que devido à magnitude da "questão social" brasileira é aceitável buscar a equidade através da discriminação positiva (dar mais para quem tem menos).

As cotas para negros nas universidades públicas é uma política seletiva (discriminação positiva). Você pode estar se perguntando, mas existe discriminação positiva?

Bom, melhor seria que não houvesse discriminação, pois o pobre branco está à margem e, melhor seria que as escolas públicas de nível fundamental apresentassem qualidade e estes alunos tivessem as mesmas chances de ingressar em uma universidade de um aluno proveniente das escolas particulares (seria uma política de capital humano, lembra?). Mas, infelizmente esta não é a nossa realidade. A política de capital humano é uma política de longo prazo, e temos um problema de curto prazo: jovens negros que foram discriminados e deixados à margem por séculos. Neste caso, admite-se que a discriminação é positiva, pois visa corrigir um problema social grave e duradouro.

Contudo, cumpre ressaltar que o governo deveria investir em capital humano (escolas públicas de qualidade) visando diminuir a demanda por políticas seletivas.

Novas diretrizes buscam evitar a burocracia interna, a resistência do público-alvo causada pelos obstáculos culturais, a facilitação do acesso aos serviços sociais, o fornecimento de informações sobre os serviços públicos através dos meios de comunicação, além da eleição de um representante para os usuários do projeto, programa e política social.

Outra premissa para a consecução de uma boa política é avançar com o conhecimento técnico realizando diagnósticos adequados da situação a ser modificada pelo projeto de intervenção.

Como faremos isto? Estabelecendo prioridades, verificando a relação entre as necessidades do público-alvo e os recursos disponíveis e abordando problemas solucionáveis.

É preciso também melhorar os sistemas de informação (banco de dados) dos projetos, programas e políticas sociais, bem como utilizar a AVALIAÇÃO dos serviços sociais usando metodologias adequadas para saber se as metas foram alcançadas.

Outro ponto de grande relevância para as novas políticas sociais diz respeito ao aumento da eficiência e eficácia do gasto social, com outras palavras poderíamos dizer que o governo deve gastar de maneira ótima seus recursos.

Para isto deverá utilizar técnicas de avaliação efetuando um acompanhamento que permita reorientar o projeto social quando os objetivos não forem alcançados (buscar a eficácia). Deve também optar pelas alternativas mais econômicas para alcançar os objetivos estabelecidos (buscar a eficiência). Assunto que será detalhado na próxima seção.

4. CAPTAÇÃO E ALOCAÇÃO DOS RECURSOS

As políticas sociais só podem ser realizadas com a disponibilidade de recursos e do seu gasto. Assim, o gasto público social é todo gasto realizado pelo Estado que possuem conotação social. Assim, são utilizados nas análises e avaliações os seguintes conceitos de gastos sociais mostrados na Figura 04:

Figura 04: Tipos de gastos sociais

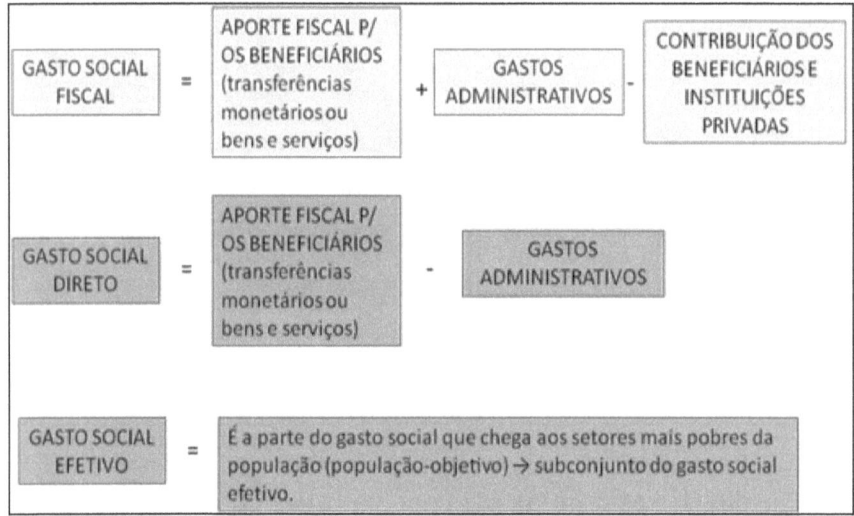

Fonte: autora.

Normalmente, o governo divulga apenas o <u>gasto social fiscal</u>, porém muitos recursos se perdem e são desviados para outros fins, pois este computa os <u>gastos administrativos</u> (computadores, material de limpeza, energia, etc). Veja que, na fórmula, este gasto administrativo é adicionado.

Você entendeu o que é um aporte fiscal para os beneficiários? Caso a resposta seja "não", chegou à hora de tirarmos mais esta dúvida.

Nada melhor do que um exemplo para esclarecer possíveis pontos obscuros. O aporte fiscal para os beneficiários é o recurso que vai diretamente para o público alvo: transferências monetárias (Bolsa Família), transferência de bens (distribuição de cestas básicas, remédios, etc.) e transferência de serviços (atendimento no posto médico). Em alguns programas como "Minha casa minha vida" há um cota parte que o beneficiário paga e neste caso deve ser subtraído do gasto social fiscal, como mostrado na Figura 04.

Todavia, o avaliador de políticas sociais deve interessar-se pelo gasto social direto, pois neste tipo de gasto é computado apenas o que realmente é entregue ao público-alvo.

Assim, todo o gasto administrativo é subtraído, ou não computado. Note que este é o verdadeiro gasto social. Contudo, são poucas informações no Brasil sobre este tipo de gasto. O governo divulga nas mídias de alto alcance apenas os dados sobre gasto social fiscal. Mas, quanto se perdeu nas esferas administrativas e na corrupção?

O gasto social efetivo é o gasto social direto com as pessoas mais carentes e necessitadas. Observe que o gasto social efetivo só ocorre quando são sanados todos os problemas tradicionais das políticas públicas e requer um rigor bastante elevado na avaliação.

Devido ao aumento da demanda por gastos públicos na área social ocorre uma maior demanda por novos recursos públicos. As principais formas de o governo obter estes recursos (financeiros ou humanos) são apresentadas na Figura 05.

Figura 05: Captação de recursos públicos

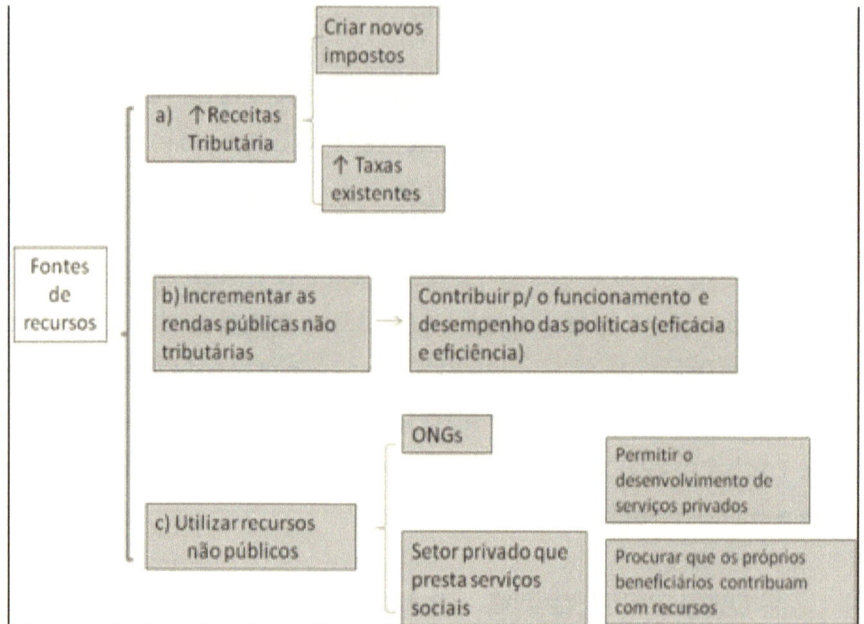

Fonte: autora.

Nos últimos anos é crescente a utilização destas três fontes de recursos. Porém, deve haver um esforço por parte dos governantes para a diminuição do aumento de tributos (taxas e impostos), pois este representa aproximadamente 40% do PIB brasileiro, diminuindo assim, o poder de compra dos brasileiros (consumidores) e a diminuição das vagas de emprego (empresas) impactando de maneira negativa na esfera econômica e social.

Assim, resta ao governo buscar incrementar as rendas públicas não tributáveis cobrando pelo acesso de determinados bens, como por exemplo, cobrar pela entrada ao parque da cidade. Melhor seria apurar a eficácia e a eficiência dos projetos sociais, pois desta maneira amplia-se a oferta dos mesmos.

Atualmente, o governo procura ampliar sua oferta de serviços sociais através da utilização de recursos não públicos (ONGs e empresas). O governo financia as ações das ONGs e dar isenção de impostos para a empresa que trabalha com responsabilidade social (possui projetos voltados ao social)

SÍNTESE

Neste capítulo, cujo principal objetivo foi estudar a importância da análise dos projetos sociais vimos que nas últimas décadas é crescente a preocupação dos governantes com as políticas sociais (assistenciais, de capital humano e promocionais). Estas, por sua vez, são construídas de maneira desconcentrada e descentralizada, buscando a racionalização através do emprego de técnicas eficazes, eficientes e efetivas. A aplicação destas técnicas visa à superação de defeitos tradicionais de nossas políticas sociais: acesso segmentado, universalismo aparente, regressividade, moda, tradicionalismo e descontinuidade.

QUESTÕES PARA REFLEXÃO

1.Qual a importância da avaliação para as políticas sociais?

2.O que vem a ser uma política eficaz, eficiente e efetiva?

LEITURAS INDICADAS

COHEN, Ernesto; FRANCO, Rolando. **Avaliação de projetos sociais**. 4.ª ed. Petrópolis, RJ: Vozes, 2001.

MARIANO, Eduardo. **Manual de avaliação de projetos sociais.** 2.ª ed. São Paulo: Saraiva: Instituto Ayrton Sena, 2003.

REFERÊNCIAS

ARRETCHE, M. T. S. **Políticas sociais no Brasil:** descentralização em um Estado Federativo. Rev. bras. Ci. Soc. , São Paulo, v. 14, n. 40, 1999 . Disponível em: <http://www.scielo.br/scielo.php-script=sci_arttext&pid S0102-69091999000200009&lng=pt&nrm=iso>.

CANO, Ignácio. **Introdução à avaliação de programas sociais.** – 3. ed. – Rio de Janeiro: Editora FGV, 2006.

COHEN, Ernesto; FRANCO, Rolando. **Avaliação de projetos sociais.** 4. ed. Petrópolia, RJ: Vozes, 2011.

IPEA – INSTITUTO DE PESQUISA ECONÔMICA APLICADA. **Políticas sociais: acompanhamento e análise.** Brasília, março de 2008.308p. Disponível em:< http://www.ipea.gov.br/082/08201012.jsp?>

MARIANO, Eduardo. **Manual de avaliação de projetos sociais.** 2.ª ed. São Paulo: Saraiva: Instituto Ayrton Sena, 2003.

MARINHO, A.; FAÇANHA, L. O. **Programas sociais: efetividade, eficiência e eficácia como dimensões operacionais da avaliação.** Rio de Janeiro: FGV, 2001. (Texto para Discussão). Disponível em: < www.ipea.gov.br/pub/td/td_2001/td0787.pdf>.

ROMERA, V. M.; PAULILO, M. A. S. **Avaliação em políticas sociais:** dimensão constituinte e constitutiva. In. Revista Ágora: políticas públicas e serviço social, ano 2, nº 4, julho 2006 – ISSN – 1807-698X. Disponível em HTTP://www.assistentesocial.com.br

RICO, Elizabeth Melo (Org.). **Avaliação de Políticas Sociais:** uma questão em debate. 5. ed. – São Paulo: Cortez: Instituto de Estudos Especiais, 2007.

SILVA, Maria das Graças. **Questão ambiental e desenvolvimento sustentável:** um desafio ético-político ao serviço social. São Paulo: Cortez, 2010.

ELABORAÇÃO, MONITORAMENTO E AVALIAÇÃO: CONCEITOS E ESPECIFICIDADES

"Nunca é tão fácil perder-se no caminho quando se julga conhecer o caminho." Provérbio chinês.

No capítulo anterior vimos a importância da análise e da avaliação de projetos, programas e políticas sociais destacando o uso da racionalidade através da eficácia, eficiência e efetividade. Este capítulo tem como objetivo examinar como a avaliação é um processo reflexivo de aprendizagem e de realimentação da ação social, ou seja, evidencia como a avaliação é um mecanismo de orientação para a tomada de decisão. A avaliação é mostrada como um processo de investigação orientada por um método, com o objetivo de explorar e analisar dados, ajudando o projeto, programa ou política social a perseguir sua missão de diminuir as mazelas sociais. Deste modo, a avaliação adquire condição de instrumento central e indispensável de gestão social.

1. INTRODUÇÃO

Ao ouvir falar em avaliação, o que vem na sua mente? Qual a imagem que as pessoas geralmente têm sobre avaliação?

A avaliação está presente no nosso cotidiano e faz parte da nossa aprendizagem ou é uma prática utilizada eventualmente?

Você gosta de avaliar? E, de ser avaliado? Mas, afinal de contas para que serve a avaliação?

Bom, comecemos fazendo uma reflexão sobre a pergunta: *a avaliação está presente no nosso cotidiano e faz parte da nossa aprendizagem ou é feita eventualmente?*

A avaliação faz parte do dia a dia, independentemente de sermos pessoas, empresas ou órgão público, ou seja, produtores ou cidadãos. Diariamente fazemos escolhas e tomamos decisões. Estas, por sua vez, são baseadas em avaliações das circunstâncias apresentadas. Assim, a avaliação faz parte da nossa aprendizagem e dela depende. Segundo Marino (2003) é especificamente o papel da avaliação é:

> [...] construir momentos reflexivos que permitam aos indivíduos a análise da realidade e dos fatos, para daí direcionarem suas ações, aprendendo pela experiência. Desse processo decorre a tomada de decisões, criando-se então um ambiente de aprendizagem contínua. (MARINO, 2003, p. 17)

Mas, existe diferença entre a avaliação cotidiano-corriqueira e a avaliação de um projeto, programa ou política social?

Apesar de a avaliação cotidiana e corriqueira ser um processo contínuo de ação e reflexão, ela apresenta-se de forma espontânea, informal e sem sistematização. Porém, a avaliação que ocorre de maneira contínua e integrada na vida de um projeto social requer objetividade, informação suficiente e a utilização de métodos rigorosos para chegar a resultados válidos e confiáveis.

Assim, a objetividade requer poder de síntese por parte do avaliador, pois o relatório de avaliação deverá ser de fácil compreensão e leitura. Contudo, cumpre frisar que, cuidados devem ser tomados para não deixar informações importantes de lado, ou seja, a informação deve ser suficiente para que as conclusões sejam convertidas automaticamente em ações práticas.

Então, o que se busca com a objetividade? Evitar a exaustividade!

Ora, foi dito anteriormente que além da objetividade e da informação suficiente é preciso utilizar-se de técnicas e metodologias apropriadas para que a avaliação seja válida e confiável. Logo, a metodologia empregada na avaliação deverá utilizar instrumentos de medição adequados (validade) para que se acredite nos resultados apresentados (confiabilidade).

Em sua opinião, além de utilizar a metodologia adequada o avaliador deverá ter uma postura que inspire confiança e conhecimento?

Bom, a postura do avaliador tem um papel crucial na utilização da avaliação como geradora de mudanças. Além disso, o avaliador deve ficar atento às informações, aos conceitos e às crenças, ou seja, aos modelos mentais dos avaliados.

Mas, o que vem a ser um "modelo mental"?

Conforme Marino (2003), um modelo mental é a forma como o indivíduo entende o mundo em que vive e fixa este conhecimento na memória de longo prazo. O modelo mental de cada indivíduo depende do seu contexto familiar, cultural, educacional e temporal. Veja a Figura 06:

Figura 06: Modelos mentais e avaliação

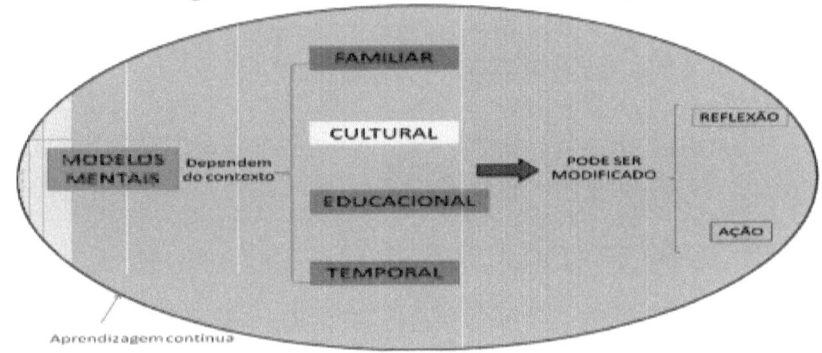

Fonte: A autora.

Assim, o seu "modelo mental" depende:

*Da sua criação/educação familiar (rígida, flexível, liberal, tradicional, religiosa, fria, amorosa, etc.);

*Da cultura na qual está inserido. As formas de satisfazer as necessidades mudam de ambiente para ambiente, de um agrupamento social para outro, logo, conhecimento, crenças, leis, costumes modificam-se dependendo da sua origem/habitat (o que é tabu em uma cultural pode ser aceitável em outra).

*Da sua educação formal (escolar). A educação é importante para influenciar o modo que pensamos. Você hoje está fazendo um curso superior, então responda: você vê a "questão social" da mesma maneira que a via antes de fazer parte deste curso?

*Do tempo (geração) em que vive. Os costumes e pensamentos de hoje são iguais aos da década de 1980?

Após ter compreendido o que é um "modelo mental" já podemos responder as seguintes perguntas: *Qual a imagem (modelo mental) que as pessoas geralmente têm sobre a avaliação? Elas gostam de serem avaliadas?*

Figura 07: Modelo mental atual sobre avaliação

Disponível em:
http://office.microsoft.com/pt-br/images

O que normalmente se percebe é certa aversão (pavor) à avaliação, apesar de usarmos este conceito diariamente. Um fator preponderante para este comportamento é que, durante muito tempo, a avaliação foi utilizada como mecanismo de controle e poder despertando uma atitude negativa nos participantes, que geralmente ocultavam e às vezes alteravam as informações disponíveis, levando assim, a resultados não confiáveis.

Segundo Marino (2003) além da avaliação ser usada como mecanismo de controle outros aspectos podem colaborar para o atual "modelo mental" sobre avaliação:

*Normalmente a avaliação é imposta, toma muito tempo, além de ser complexa e onerosa;

*Os resultados da avaliação poucas vezes são incorporados na tomada de decisão;

*Resultados pouco satisfatórios podem trazer consequências negativas como a perda do emprego.

E então, este é seu atual "modelo mental" sobre avaliação?

Se a resposta for positiva é preciso transformar o seu atual "modelo mental" sobre avaliação. Veja a Figura 08:

Figura 08: Novo modelo mental vigente sobre avaliação

Valioso instrumento para atingir sua missão

Avaliar a eficiência e eficácia

Processo contínuo e integrado

Caminho para solucionar problemas

Como podemos fazer melhor?

Examinar o que deu certo e errado sem medo

Transformação positiva

Fonte: autora.

Imagem: http://office.microsoft.com/pt-br/images/

Percebeu como a avaliação pode ser positiva? Observou como a postura e o modelo mental do avaliador/avaliado podem interferir nos resultados da avaliação? Como avaliador você vai exercer uma postura de controle e poder? Ou será um avaliador que criará um ambiente onde as pessoas se sintam seguras para discutirem e examinarem o que não está bem?

Cumpre ainda frisar que, é preciso um esforço do avaliador para a sensibilização dos participantes (avaliados) evidenciando que as experiências efetuam mudanças de direção e asseguram um ambiente de contínua transformação.

A Figura 09 mostra resumidamente o novo paradigma da avaliação de projetos, programas e políticas sociais.

Figura 09: Novo paradigma da avaliação social

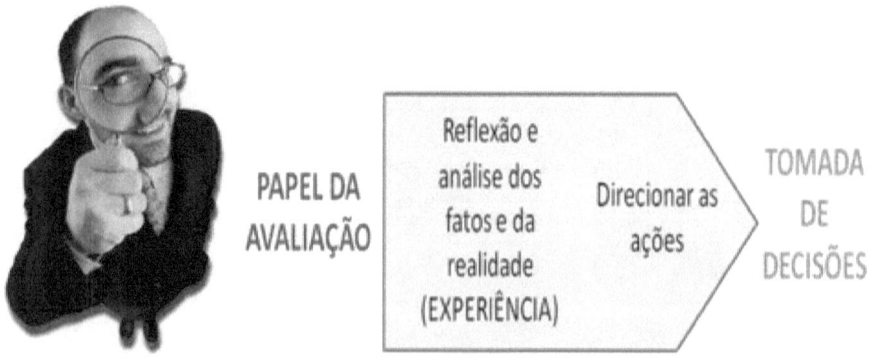

Imagem: http://corporativareview.com.br

A aprendizagem só é possível através de um processo contínuo de reflexão e ação. Ora, é através da reflexão que provocamos mudanças nas nossas ações. Se não refletimos, não mudamos. Assim, podemos afirmar que, especificamente, o papel da avaliação é construir momentos de reflexão e análise da realidade para redirecionar ações, aprendendo com a experiência.

Após a assimilação do novo modelo mental referente à avaliação, cabe agora apresentar os seus principais conceitos.

2. CONCEITO DE AVALIAÇÃO

O procedimento de avaliação baseia-se em um tripé: científico, ético-político e técnico-operativo, compondo um sistema de gestão de políticas sociais.

As primeiras abordagens sobre avaliação se nortearam nas Ciências Econômicas, Matemáticas e Biológicas, bem como, nas Ciências Experimentais. A Estatística é utilizada para definir indicadores de resultados, com ênfase na quantificação de metas, objetivos e resultados produzidos pelos projetos sociais. Da Sociologia surge a inspiração para a incorporação de métodos qualitativos para o entendimento do contexto social através de processos subjetivos, das vivências, dos depoimentos, das discussões e questionamentos.

A avaliação é uma prática de atribuir valor e mensurar

ações não podendo ser concebida como uma atividade isolada e auto-suficiente. Por ser uma ferramenta estratégica, deve fazer parte do processo de planejamento, de implementação, de manutenção, de aperfeiçoamento e controle da política social. (ENAP, 2007)

Segundo Silva e Brandão (2003), citados por Borba *et al.* (2004, p.5) pode-se entender avaliação como:

> A elaboração, negociação e aplicação de critérios explícitos de análise, em um exercício metodológico cuidadoso e preciso, com vistas a conhecer, medir, determinar ou julgar o contexto, mérito, valor ou estado de um determinado objeto, a fim de estimular e facilitar processos de aprendizagem e de desenvolvimento de pessoas e organizações. A idéia central é que os processos avaliativos ajudem os envolvidos a encontrar seus próprios caminhos de aprendizagem e desenvolvimento, e que ampliem o nível de consciência dos empreendedores sociais. Para cumprir estes objetivos, o papel da avaliação precisa transcender a fiscalização ou controle, abrangendo uma intensa reflexão que deve ser feita com todos os envolvidos no processo.

Assim, a avaliação pode ser definida como um procedimento baseado no raciocínio lógico, orientado a determinar sistemática e objetivamente a pertinência, a eficiência, a eficácia e o impacto de todas as atividades à luz de seus objetivos. (COHEN; FRANCO, 2011).

Chianca (2001) destaca que a avaliação de projetos e de programas sociais utiliza-se de uma coleta sistemática de informações e de critérios pré-estabelecidos para definir o valor (mérito e relevância) de uma ação através da análise da eficácia, da eficiência e da efetividade, gerando assim, soluções para os problemas encontrados, mediante a utilização de métodos científicos.

Observe que, a avaliação deverá fazer parte da estratégia, do planejamento, da formulação, e da implementação do projeto de intervenção social, colaborando assim, para eventuais ajustes a serem adotados, bem como, facilitar a tomada de decisão (manter o projeto ou interrompê-lo). Contudo, esta ferramenta de decisão requer uma cultura, uma disciplina intelectual e uma familiaridade prática, amparadas em valores. (ENAP, 2007)

A avaliação gera uma realimentação que permite escolher entre diversos projetos de acordo com a eficácia e eficiência. Também analisa os resultados obtidos por esses projetos, criando a possibilidade de redirecionar as ações e reorientá-las em direção aos fins estabelecidos.

> No Brasil, a avaliação das políticas sociais é realizada para atender às exigências de organismos internacionais como o Banco Mundial, Banco Interamericano e a Organização das Nações Unidas, que condicionam o acesso aos recursos para financiar programas sociais à avaliação destes programas. Neste caso, a avaliação tem o objetivo principal de medir o grau de eficiência nos gastos públicos e o grau de alcance dos objetivos fixados; portanto são avaliações com enfoques econométricos. (ROMERA; PAULILO, 2006, p. 14)

A realimentação do projeto, programa ou política representa mecanismos de orientação estruturados ao longo do desenvolvimento do programa, incorporando dados atualizados aos recursos iniciais (banco de dados inicial). A realimentação acentua a natureza dinâmica do funcionamento do programa, pois facilita seu monitoramento sintonizando realizações alcançadas a resultados esperados (reavaliação) ampliando os recursos disponíveis. (MARINO; FAÇANHA, 2001). Veja a Figura 10:

Figura 10: Realimentação no processo de planejamento

INSTIGADORES DO PLANEJAMENTO
Problemas–necessidades- interesses

Pesquisa do que é e do que será
Fatos, projeções, conhecimentos disponíveis, inventário de mão-de-obra e recursos, sansões

Seleção segundo valores e preferências

DEFINIÇÃO DA TAREFA DE PLANEJAMENTO

Valores, fatos, recursos
Seleção segundo grupos de interesse e grupos políticos

| Definição do sistema (suas funções) | Escolha de tipos e níveis de intervenção | Parâmetros da programação | Outras opções de políticas | Custos de oportunidade e custos sociais |

DEFINIÇÃO DA TAREFA DE PLANEJAMENTO

PROGRAMAÇÃO

AVALIAÇÃO, VIGILÂNCIA E RETROALIMENTAÇÃO

Fonte: A autora, baseada em Cohen e Franco (2011)

Os instigadores (gestores) do planejamento, ou seja, os membros da equipe técnica responsável pelo projeto devem estar atentos aos problemas, necessidades e interesses do público-alvo.Assim, há necessidade de se realizar um diagnóstico (pesquisa do que é), coletando dados que evidencie os fatos e mostre de maneira fidedigna a realidade local pesquisada, fazendo assim, um levantamento das principais demandas do público-alvo. Este diagnóstico é realizado através de dados primários (coletados diretamente com o público-alvo) e de dados secundários (coletados de outras fontes disponíveis, como o IBGE, por exemplo).

Deve-se selecionar dentre as demandas apontadas pelo público-alvo aquelas que serão contempladas pelo projeto de intervenção. Esta seleção ajudará a definir os objetivos e traçar as metas (como será ou como deverá ser). Lembre-se que, todo projeto, programa ou política visa causar uma modificação positiva no público-alvo.

Portanto, as etapas supracitadas (destaque de cor salmão na Figura 10) correspondem à primeira parte da avaliação (avaliação *ex ante*[1]). Assim, a avaliação deverá ocorrer antes mesmo da implementação do projeto de intervenção social. Lembre-se que, a qualidade dos resultados da avaliação é determinada pelas escolhas feitas no início do processo.

Após estas etapas, caminha-se para outra fase da avaliação: definir as tarefas de planejamento. Nesta segunda seleção (realimentação/retroalimentação) devem-se analisar os grupos de interesses e os grupos políticos participantes do projeto (responsáveis pela disponibilização de recursos). Nesta fase é preciso definir:

- O sistema - quantas pessoas farão parte da equipe técnica? Qual a função de cada um? Qual formação de cada técnico? É preciso contratar empregados?

- Escolher o nível de intervenção - o programa será assistencialista, de capital humano e /ou promocional? Será realizado no curto, médio ou longo prazo? Será feito em etapas ou de uma única vez? Será realizado em um bairro ou em três?
- Decidir quais os parâmetros da programação: como será avaliado? A comparação será do tipo (a) ou (b)?
- Verificar se existe outras opções de projetos, programas ou políticas para solucionar os problemas levantados pelo diagnóstico.
- Fazer um levantamento dos custos do projeto.

A partir deste levantamento, estabelece-se uma programação que deverá ser realimentada através da avaliação e do monitoramento. Na Figura 05 foi explicitado que é preciso decidir quais parâmetros serão utilizados na avaliação. Você tem ideia do que são estes parâmetros de comparação?

Avaliar pressupõe comparação. Esta comparação poderá ser feita de duas formas:

(a) Comparar com um padrão almejado (imagem-objetivo). Assim, o formulador do projeto, programa ou política social avalia uma unidade comparando-a com outras, ou avalia a unidade comparando-a com um critério ou padrão determinado. Veja a seguir:

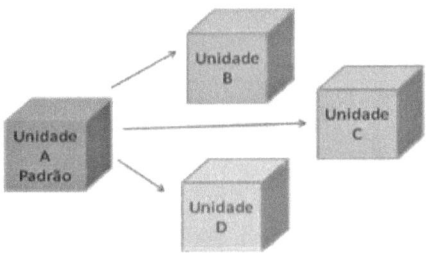

Vamos supor que as unidades são projetos semelhantes, mas localizados em bairros diferentes (unidades A, B, C, D). Observe que a "Unidade A" é uma unidade padrão e os seus resultados serão os parâmetros para as outras unidades, ou seja:

Unidade B será comparada a unidade A

Unidade C será comparada a unidade A

Unidade D será comparada a unidade A

A comparação poderia também ser feita da seguinte maneira:

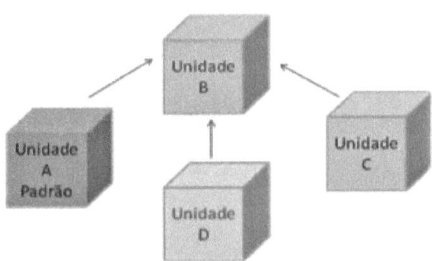

Neste caso, B é comparado com A, C e/ou D.

(b) Comparar a situação anterior com a situação posterior à implementação do projeto, programa ou política social, ou seja, como era a unidade antes da implementação do projeto e como está a unidade no momento da avaliação. Neste caso, avaliar é comparar os efeitos de um programa com as metas estipuladas *a priori*. Assim, a unidade é comparada a ela mesma. Neste caso, teríamos:

Observe que, a situação (comparação) neste caso é diferente das anteriores. A unidade (projeto) está sendo comparada em relação a ela mesma. Teríamos, então: como a comunidade estava (antes da implementação) e como está na época da avaliação (depois da implementação).

Em relação ao tópico (b) a comparação também poderia ser feita da seguinte maneira:

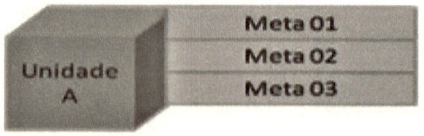

Neste caso, a avaliação será realizada examinando as metas estabelecidas no projeto de intervenção, analisando se estas foram alcançadas ou não. Veja este exemplo: se a "meta 01" fosse diminuir a evasão escolar em 30% no prazo de 01 ano, e, o avaliador percebesse que no final de 01 ano a diminuição da evasão escolar foi de apenas 20%, o projeto seria considerado ineficaz. Logo, neste caso, a comparação tem como base as metas formuladas.

Neste tipo de comparação podem-se correr dois tipos de riscos: superestimação ou subestimação das metas. Pois, muitas vezes, na hora de formular/redigir o projeto de intervenção social, os responsáveis técnicos não analisam de maneira profunda, se os recursos destinados à implementação/consecução do projeto são suficientes para atender à quantidade de objetivos específicos e de metas formuladas. Ao achar que o projeto de intervenção social deverá resolver TODOS OS PROBLEMAS da comunidade, no espaço de tempo e de recursos restritos superestimam as metas, prometendo mais do que podem cumprir. Neste caso, corre-se um risco grande de ser ineficaz e a avaliação *ex post* [2] trará resultados não satisfatórios.

Também, pode ocorrer que os responsáveis pela escrita do projeto de intervenção estabeleçam metas baixas e pouco significativas para o tempo e recursos destinados, caindo no erro da subestimação. Neste caso, dificilmente o projeto conseguirá verbas para a sua implementação (seja em forma de editais, portarias, parcerias, etc.)

Normalmente, estes erros ocorrem quando não é feito um diagnóstico realístico da situação-alvo. *Você percebeu a importância de uma boa formulação de metas, baseada em um bom diagnóstico (avaliação ex ante)?*

O sucesso do projeto de intervenção social depende, em grande parte, do seu adequado dimensionamento. Uma maneira de dimensionar perfeitamente as metas é estabelecer corretamente as variáveis que serão utilizadas no projeto, programa ou política social. A seção seguinte procurará enriquecer e explicar melhor o que são as "variáveis".

É importante ressaltar ainda que, a forma de comparar ou avaliar a unidade será decidido pelo avaliador e pelos membros do projeto, programa ou política social.

3. PESQUISA SOCIAL, AVALIAÇÃO E VARIÁVEIS ENVOLVIDAS

As avaliações profissionais são deliberadas, sistemáticas, e complexas, orientadas pelo método científico e apresentam um caráter público, além do emprego de métodos e técnicas de pesquisa social. (SILVA, 2001).

Gil (1999) salienta que, a pesquisa social é um processo que utiliza a metodologia científica, permitindo a obtenção de novos conhecimentos no campo da realidade social (relacionamento do homem com outros homens e instituições sociais).

Então, a pesquisa social visa fazer previsões construtivas sobre a natureza da realidade social. Neste processo, examina as características do comportamento humano chamadas de Variáveis - características que diferem ou variam de um indivíduo para o outro (classe social, idade, gênero, estado civil etc.) ou de um instante para o outro no decorrer do tempo (desemprego, criminalidade, nível de renda etc.). (LEVIN e FOX, 2004).

Em qualquer grupo de indivíduos, as variáveis diferem de uma pessoa para outra, de um lugar para o outro. Logo, as variáveis são a chave para uma melhor compreensão da realidade que se pretende modificar com a ação social.

Em resumo, o propósito fundamental da pesquisa científica é incrementar o conhecimento, devendo, portanto, incluir no modelo explicativo todas as dimensões e variáveis que permitam explicar o fenômeno ou processo envolvido.

As variáveis podem ser classificadas de duas formas:

- Variáveis dependentes e independentes;
- Variáveis instrumentais (meios) e variáveis-condição

Mas, o que são variáveis dependentes e variáveis independentes?

Conforme Pereira (1996, não paginado):

> A variável independente é aquela que afeta (Richardson et. al., 1985), influencia (Kerlinger, 1979) ou determina uma outra variável (Lakatos e Marconi, 1983; 1985). Segundo Bowditch e Buono (1992) é aquela variável que ocorre anteriormente ou são manipuladas para causar um certo efeito.(...) s variáveis dependentes são aquelas afetadas ou explicadas pelas independentes, variando de acordo com as mudanças nas independentes (Richardson et. al., 1985). Para Lakatos e Marconi (1983, p.163; 1985, p.131) a variável dependente "... consiste naqueles valores (fenômenos, fatores) a serem explicados ou descobertos, em virtude de serem influenciados, determinados ou afetados pela variável independente; é o fator que aparece, desaparece ou varia à medida que o investigador introduz, tira ou modifica a variável independente; a propriedade ou fator que é efeito resultado, conseqüência ou resposta a algo que foi manipulado (variável independente)".

E o que é uma variável instrumental? E, uma variável condição?

No modelo teórico-causal de um projeto social, distinguem-se as variáveis que serão transformadas pelo projeto (instrumentais) das variáveis que apesar de serem relevantes para a explicação da realidade não se modificam com o projeto (variáveis-condição).

Bom, para aprimorar o conhecimento vamos utilizar como exemplo um projeto educativo, cujo objetivo é melhorar o rendimento na aprendizagem de um grupo de alunos primários, pertencentes a setores em situação de pobreza (exemplo extraído do livro de Cohen e Franco, 1996):

Assim, MELHORAR O RENDIMENTO será a variável dependente, ou seja, a variável que pretendemos modificar/alterar com a intervenção social.

Para determinarmos as variáveis independentes, devemos encontrar as causas ou os fatores que podem interferir no RENDIMENTO ESCOLAR dos alunos. As variáveis independentes (causas) deste exemplo serão: o estado nutricional, o método pedagógico, a infraestrutura escolar, o coeficiente de inteligência dos alunos (QI) e, o nível socioeconômico de suas famílias.

Esquematicamente, temos:

Rendimento na aprendizagem	**depende de**	(nutrição, pedagogia, infra-estrutura, nível de renda, QI)
Variável dependente		(variáveis independentes)
Efeito		Causas

Dentre as variáveis independentes, devemos delimitar as variáveis instrumentais (o que o projeto irá alterar) e as variáveis-condição (o que o projeto não pode modificar).

No exemplo escolar anterior, o projeto não poderá modificar o coeficiente de inteligência dos alunos (QI) e o nível socioeconômico de suas famílias. Estas serão chamadas de variáveis-condição.

Logo, o projeto buscará diminuir a desnutrição, melhorar o método pedagógico, e ampliar a infraestrutura disponível (as três variáveis instrumentais do modelo). Identificadas as variáveis instrumentais do projeto, devemos estabelecer os modelos de inter relação entre as mesmas. Normalmente são utilizados três modelos:

Modelo I – Variáveis independentes equiponderadas (método mais simples)

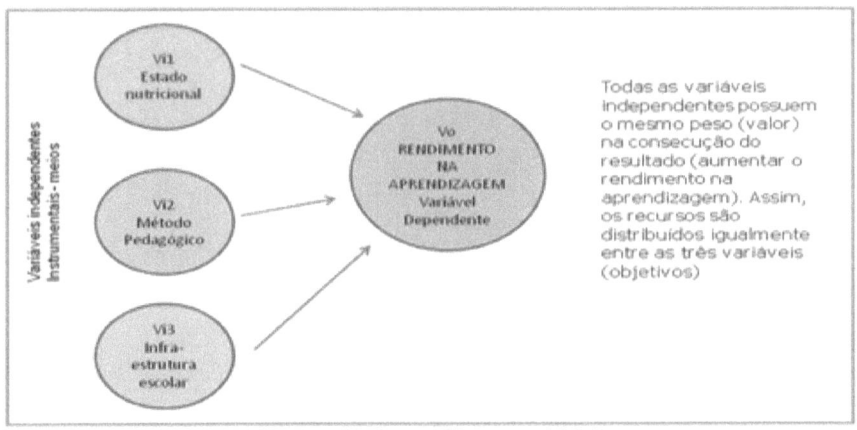

Fonte: Cohen e Franco, 1996.

Modelo II – Variáveis independentes desigualmente ponderadas

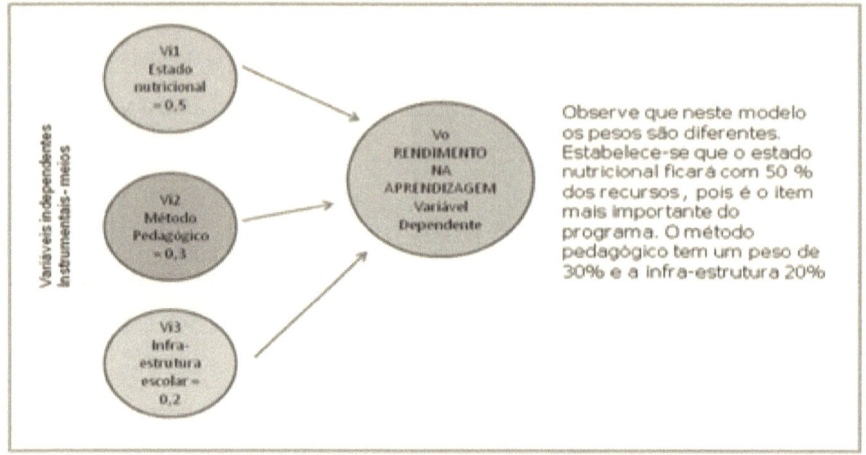

Fonte: Cohen e Franco, 1996.

Modelo III - Variáveis independentes que são estatisticamente dependentes

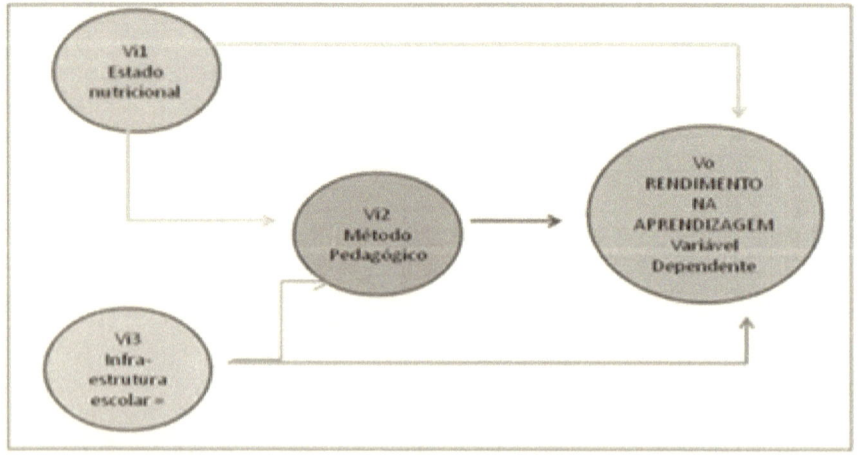

Fonte: Cohen e Franco, 1996.

Observe que, neste modelo as variáveis independentes são dependentes entre si. O método pedagógico depende e, só poderá ser alterado quando o projeto conseguir modificar o estado nutricional e ampliar a infraestrutura. Isto fica mais claro se, pensarmos que crianças com fome não assimilam bem as aulas, pois a carência nutricional compromete a sua aprendizagem. Por sua vez, escolas com cadeiras quebradas, sem bibliotecas e/ou quadras esportivas e recursos multimídia impossibilitam alguns métodos pedagógicos.

Logo, a variável instrumental "método pedagógico" só poderá ser trabalhada dentro do projeto social quando a variável instrumental "carência nutricional" for sanada e a infraestrutura ampliada/modificada.

E então? Percebeu a importância de determinarmos adequadamente as variáveis de um projeto, programa ou política social?

SÍNTESE

Podemos afirmar que, a avaliação começa com a ideia do projeto, programa ou política social que se propõe a cobrir um déficit (presente ou futuro), solucionar ou paliar algum problema social ou desenvolver potencialidades. Especificamente, o papel da avaliação é construir momentos de reflexão e análise da realidade para redirecionar nossas ações através da experiência. A avaliação utiliza-se de uma coleta sistemática de informações e de critérios pré-estabelecidos para definir o valor (mérito e relevância) de uma ação através da análise da eficácia, eficiência e efetividade. Desta forma, gera soluções para os problemas encontrados mediante a utilização de métodos científicos. O propósito fundamental da avaliação é o mesmo da pesquisa científica: incrementar o conhecimento e, deve, portanto, incluir no modelo explicativo todas as dimensões e variáveis que permitam explicar o fenômeno ou processo estudado.

QUESTÕES PARA REFLEXÃO

1. Imagine uma situação social onde você pretende modificar/avaliar uma realidade: Quais seriam as variáveis-condição desta realidade social?

2. Quais variáveis instrumentais você trabalharia?

3. Qual destas variáveis seria dependente e quais seriam independentes?

4. Qual modelo de inter-relação você trabalharia?

Como ficou o modelo depois de montado?

REFERÊNCIAS

ARRETCHE, M. T. S. **Políticas sociais no Brasil:** descentralização em um Estado Federativo. Rev. bras. Ci. Soc., São Paulo, v. 14, n. 40, 1999 . Disponível em: <http://www.scielo.br/scielo.php?script=sci_arttextepid=S0102-69091999000200009elng=ptenrm=iso>.

BORBA et al. **Monitoramento e avaliação de programas e projetos sociais**: desenvolvimento de um plano de avaliação. In.: VII SEMEAD – Seminários em Administração FEA-USP. São Paulo: USP, 2004. Disponível em: < www.ead.fea.usp.br> Acesso em: 17 mai 2010.

CHIANCA, T.; MARINO, E.; SCHIESARI, L. **Desenvolvendo a cul-**

tura de avaliação em organizações da sociedade civil. Coleção Gestão e Sustentabilidade. São Paulo: Editora Global, 2001.

COHEN, Ernesto; FRANCO, Rolando. **Avaliação de projetos sociais**. Petrópolia, RJ: Vozes, 1993.

_____. **Avaliação de projetos sociais**. 4. ed. Petrópolia, RJ: Vozes, 2011.

ESCOLA NACIONAL DE ADMINISTRAÇÃO PÚBLICA – ENAP. Glossário: **acompanhamento, monitoramento e avaliação dos programas e projetos sociais do Fundo nacional de Desenvolvimento da Educação. Brasília,** 2007. Disponível em:< http://www.enap.gov.br/> Acesso em 10 set. 2011.

GIL, A. C. **Métodos e técnicas de pesquisa social**. 5. ed. São Paulo: Atlas, 1999.

IPEA – INSTITUTO DE PESQUISA ECONÔMICA APLICADA. **Políticas Sociais:** acompanhamento e análise. Brasília, março de 2008.308p. Disponível em:< http://www.ipea.gov-.br/082/08201012.jsp?>

LEVIN, J.; FOX, J. A. **Estatística para ciências humanas**. 9. ed. São Paulo: Editora Pearson, 2004.

MARINO, A.; FAÇANHA L. O. **Programas sociais:** efetividade, eficiência e eficácia como dimensões operacionais da avaliação. Rio de Janeiro: IPEA, 2001. (Texto para discussão nº 787).

MARINO, Eduardo. **Manual de avaliação de projetos sociais**. 2. ed. São Paulo: Saraiva: Instituto Ayrton Sena, 2003.

PEREIRA, M. F. **Mudança estratégica em uma organização hospitalar**: um estudo de caso dos últimos 20 anos. 1996. Dissertação (Mestrado em Engenharia da Produção). Florianópolis: Universidade Federal de Santa Catarina, 1996. Disponível em: < http://www.eps.ufsc.br/disserta96/mauricio/index/> Acesso em 03 out. 2011.

ROMERA, V. M. e PAULILO, M. A. S. **Avaliação em políticas sociais:** dimensão constituinte e constitutiva. In. Revista Ágora: políticas públicas e serviço social, ano 2, nº 4, julho 2006 – ISSN – 1807-698X. Disponível em HTTP:// www.assistentesocial.com.br

SILVA, M. O da (Org.) **Avaliação de políticas e programas:** aspectos conceituais e metodológicos. In.: Avaliação de políticas e programas sociais: teoria e prática. São Paulo: Veras, 2001.

SILVA, Maria das Graças. **Questão ambiental e desenvolvimento sustentável**: um desafio ético-político ao Serviço Social. São Paulo: Cortez, 2010.

TIPOS DE AVALIAÇÃO SOCIAL

"Quem estuda e não pratica o que aprendeu
é como o homem que lavra e não semeia."
Provérbio árabe.

No capítulo anterior, foi visto que a avaliação é um processo reflexivo de aprendizagem e de realimentação da ação social. Foi evidenciado como a avaliação é um mecanismo de orientação para a tomada de decisão, orientada por um método, com o objetivo de explorar e analisar dados ajudando o projeto, programa ou política a perseguir sua missão de diminuir as mazelas sociais. Neste capítulo, veremos que, na avaliação de projetos, programas e ou políticas sociais, faz-se necessário certo grau de previsão e planejamento. Assim, deve-se distinguir *a priori* como deverá ser classificada a avaliação.

1. INTRODUÇÃO

Toda e qualquer classificação se faz mediante algum critério. Com relação à avaliação, é usual a classificação em função: do momento ou dos objetivos de intervenção, de quem realiza a avaliação, dos destinatários da avaliação. Isso ocorre porque as avaliações não são iguais, elas irão variar conforme o público-alvo, a região, a comunidade, etc. Logo, é preciso que se estabeleça o planejamento da avaliação com base no contexto socioeconômico e político dos beneficiários, garantindo, assim, a confiança e a aceitação dos líderes das comunidades e das organizações locais. Portanto, existem diversos critérios para nortear a escolha do tipo de avaliação, como será mostrado nas seguintes seções.

2. TIPO DE AVALIAÇÃO EM FUNÇÃO DO MOMENTO OU DOS OBJETIVOS DE INTERVENÇÃO

É usual na avaliação de políticas, programas e projetos sociais classificar a avaliação como ex ante (antes da intervenção) e ex post (durante e após a intervenção).

a) Avaliação ex-ante (marco zero)

É a primeira ação avaliativa e deve ocorrer antes da consecução das primeiras atividades de um projeto. É o diagnóstico propriamente dito da situação presente do público-alvo, ou seja, é uma análise situacional da realidade dos atores envolvidos antes da implementação do projeto. O termo *ex ante* deriva do latim vem sendo muito utilizado na linguagem dos projetos sociais e significa *antes do evento*, ou seja, o que ocorre antes de um determinado ato.

No processo de avaliação ou medição, refere-se ao momento antes da implementação do projeto, programa ou política e visa instituir as bases e fixar as necessidades da ação, ou seja, é uma avaliação preliminar.

> A avaliação ex ante expressa uma concepção holística, interativa, segundo a qual a avaliação se inicia desde o momento em que se define o problema ou necessidade que justifica a política, programa ou projeto, integra as discussões em torno da formulação de alternativas, envolve a tomada de decisão, e acompanha o processo de gestão, informando-o sobre seus avanços, riscos e limitações, desvios a corrigir, vantagens a maximizar, etc. (ENAP, 2007, p. 8).

O propósito desse tipo de avaliação é melhorar ou aperfeiçoar sistemas ou processos na fase de implementação, pois, o diagnóstico implica no conhecimento da realidade estudada, a qual se pretende modificar. O diagnóstico de um projeto, programa ou política social indica sugestões para a reformulação de uma realidade social, criando a possibilidade de implementar as mudanças necessárias e sugeridas pelo público-alvo, bem como torna possível a observação dos efeitos dessas políticas.

Utilizado normalmente para a identificação dos problemas ou oportunidades de melhoria de uma determinada instituição e/ou comunidade, esse tipo de avaliação deverá ser realizado antes mesmo da escrita dos objetivos gerais e específicos do projeto de intervenção. Assim, a avaliação *ex ante* tem como objetivo principal a descrição das características de determinada população ou fenômeno, estabelecendo relações entre variáveis[3].

Gil (2002, p. 42) mostra que, entre as pesquisas descritivas, se evidenciam aquelas que têm por objetivo estudar as características de um grupo:

> [...] sua distribuição por idade, sexo, procedência, nível de escolaridade, estado de saúde física e mental, etc. Outras pesquisas deste tipo são as que se propõe a estudar o nível de atendimento dos órgãos públicos de uma comunidade, as condições de habitação de seus habitantes, o índice de criminalidade que aí se registra etc. São incluídas neste grupo as pesquisas que têm por objetivo levantar opiniões, atitudes e crenças de uma população [...]. As pesquisas descritivas são, juntamente com as exploratórias, as que habitualmente realizam os pesquisadores sociais preocupados com a atuação prática.

Então, pode-se dizer que a avaliação *ex ante* busca descrever, logo, "delineia o que é". Assim, aborda os quatro aspectos mostrados na Figura 01:

Figura 11: Quatro aspectos da avaliação ex ante

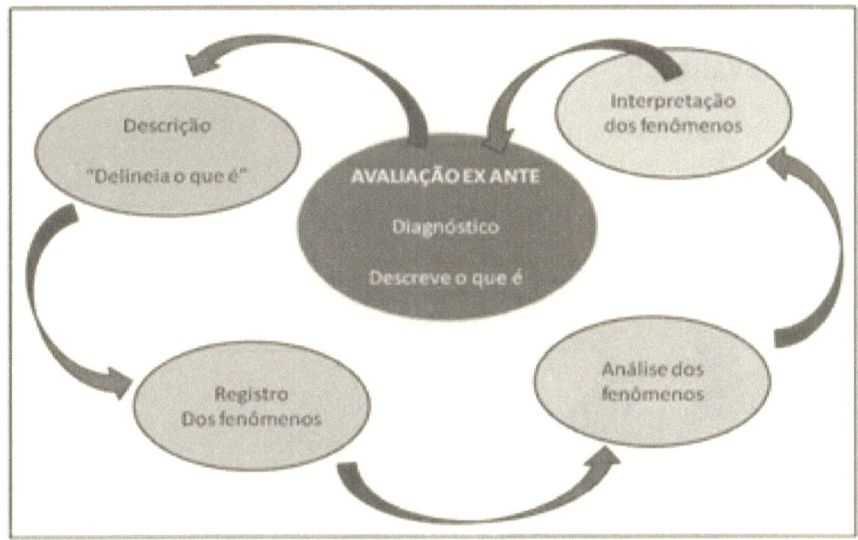

Fonte: Elaborada pela autora.

A primeira etapa da avaliação *ex ante* descreve o público-alvo e sua realidade antes da implementação do projeto. A segunda etapa registra os dados (tabulação dos dados levantados - inserção dos dados em uma planilha eletrônica[4]). A terceira etapa estabelece a complexa relação de causa e efeito entre as variáveis, resultando na identificação de qual variável influencia a outra e qual o impacto das oscilações de uma variável sobre as demais. E a quarta etapa interpreta os fenômenos (variáveis) que poderão ser alterados pelo projeto (variáveis instrumentais) e quais fenômenos (variáveis condição) o projeto não poderá alterar.

Observe que a avaliação *ex ante,* por fazer parte dos estudos descritivos, delineia um fenômeno ou situação, mediante um estudo realizado em determinado espaço-tempo. As informações obtidas nesse tipo de avaliação orientarão o planejamento das ações futuras e dará subsídios para as outras fases da avaliação.

Figura 12: Avaliação ex ante

Fonte: Autora.

Podemos responder a interrogação feita na Figura 12 com outras indagações: Como saber as reais necessidades do público-alvo sem realizar um diagnóstico? Como traçar os objetivos do projeto sem perguntar para os principais interessados (público-alvo) quais as suas reais demandas?

Segundo Marino (2003, p. 42):

> No campo social sabemos que a explicação da realidade vislumbrada por uma só pessoa representa uma visão

unilateral, subjetiva, não podendo, portanto, ser aceita como verdade universal". Assim, o estudo dos problemas de uma instituição e/ou comunidade deve ser feito através de um processo participativo com indicadores sociais devidamente escolhidos e contextualizados.

Nota-se que a avaliação *ex ante* é uma etapa muito importante para a elaboração das metas do projeto, evitando-se, assim, a superestimação ou subestimação das mesmas. Muitas vezes, os objetivos e as metas de determinados projetos não contemplam as verdadeiras prioridades e necessidades dos atores envolvidos. Lembre-se de que o conteúdo sobre superestimação e subestimação de metas foi explanado no capítulo 2.

Dessa forma, é de suma importância que o avaliador de políticas sociais tenha sensibilidade social, assim como adquira conhecimento a propósito do assunto estudado, sobre o público-alvo a ser pesquisado e a respeito da realidade a ser modificada.

Nesta fase da avaliação (*ex ante*), utilizam-se os métodos estatísticos[5] para a seleção da amostra e para o tabulamento, a análise e a descrição dos dados para a possível validação do projeto e da avaliação.

No Quadro 01, serão apresentadas as perguntas orientadoras desse tipo de avaliação com a qual você deverá trabalhar.

Quadro 01: Perguntas orientadoras para a avaliação ex ante

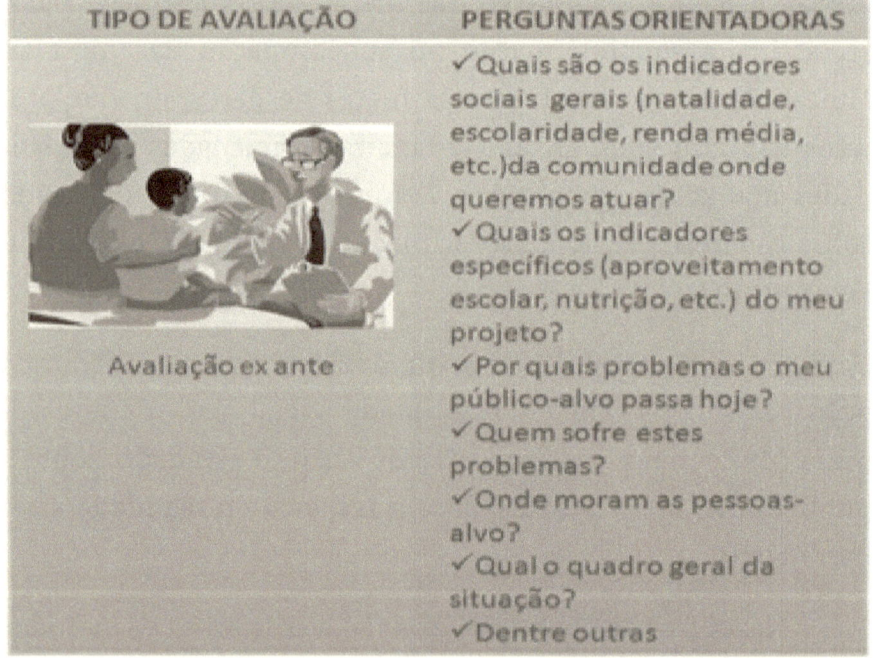

TIPO DE AVALIAÇÃO	PERGUNTAS ORIENTADORAS
Avaliação ex ante	✓Quais são os indicadores sociais gerais (natalidade, escolaridade, renda média, etc.)da comunidade onde queremos atuar? ✓Quais os indicadores específicos (aproveitamento escolar, nutrição, etc.) do meu projeto? ✓Por quais problemas o meu público-alvo passa hoje? ✓Quem sofre estes problemas? ✓Onde moram as pessoas-alvo? ✓Qual o quadro geral da situação? ✓Dentre outras

Fonte: Adaptado de Marino (2003).
Fonte da imagem: http://office.microsoft.com/pt-br/images/

Ainda cumpre frisar que a avaliação *ex ante*, conduzida de maneira participativa, motivará a aproximação e o comprometimento da comunidade e/ou dos parceiros com o projeto social. Logo, é imprescindível que seja feita antes de qualquer atividade.

b) Avaliação *ex post* (de processo e de impacto)

O termo *ex post* é uma expressão latina, que significa "após um dado evento". Baseia-se em conhecimento do passado e permite medir a performance de uma ação que já passou. A avaliação *ex post* divide-se em avaliação de processo e avaliação de impacto. A primeira diz respeito aos projetos que estão em andamento e a segunda, aqueles projetos que já foram concluídos.

A avaliação de processos compreende o monitoramento contínuo das atividades, compreende as dinâmicas internas e externas da equipe responsável, buscando uma relação entre os membros da equipe do projeto e seu público-alvo.

Determina em que medida os componentes de um projeto social contribuem ou não com os fins perseguidos. Como esse monitoramento é realizado durante a implementação do projeto, afetará positivamente a sua organização, pois visa a detectar dificuldades na programação e na administração, buscando eliminar as ineficiências.

> Avaliação de processo (a posteriori): Trata-se do exame das estratégias, procedimentos e arranjos (inclusive institucionais) adotados na implementação de uma política, programa ou projeto, com a finalidade de identificar os pontos onde podem ser obtidos ganhos de eficiência e eficácia. Tem por hipótese central a idéia de que os meios adotados afetam os resultados. Portanto, o seu objeto de análise é o "como" uma ação foi executada, ou seja, a cadeia de passos adotados desde a formulação da política ou programa até a obtenção do seu produto final. (ENAP, 2007, p. 8)

É através desse tipo de avaliação que se instituem mecanismos de compreensão das forças contrárias à consecução do projeto de intervenção e determinam-se as diretrizes para a adequação do plano inicial. Assim, a avaliação de processos olha para frente para as correções e adequações e procura afetar as decisões cotidianas, administrativas e operativas dos projetos e programas.

Assim, no monitoramento (avaliação de processos), o avaliador utiliza de um conjunto de estratégias destinadas ao acompanhamento, ao exame e à correção da política, do programa ou projeto. Esse exame é contínuo, ou seja, realizado durante toda a consecução da intervenção e abrange os procedimentos, produtos e resultados das ações realizadas. Identifica as vantagens e dificuldades encontradas na execução da ação, permitindo a maximização dos resultados através dos ajustes necessários, diminuindo os custos derivados da ineficiência. Não é uma avaliação final, mas sim uma avaliação periódica, para que os gestores possam efetuar mudanças durante seu processo de execução. Sua função primordial é mensurar a eficiência do projeto. O Quadro 02 evidencia as perguntas orientadoras para a avaliação de processos.

Quadro 02: Perguntas orientadoras para a avaliação ex post de processos

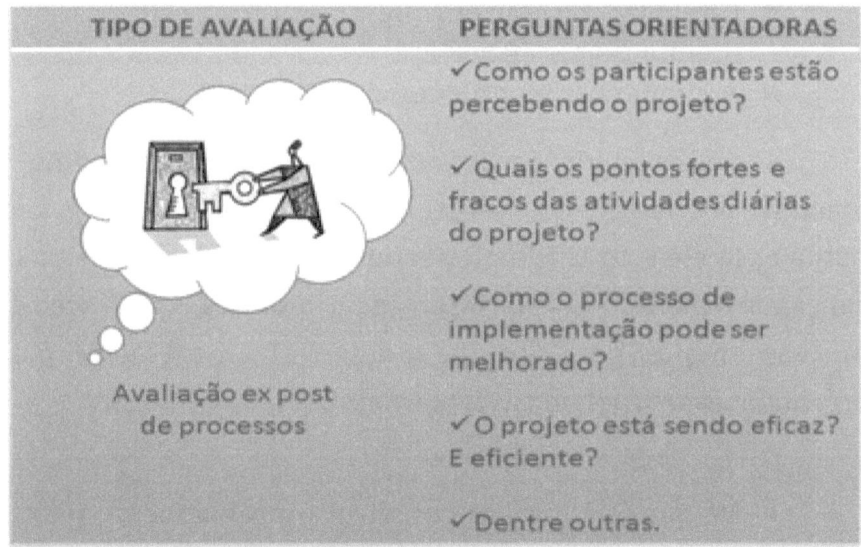

TIPO DE AVALIAÇÃO	PERGUNTAS ORIENTADORAS
Avaliação ex post de processos	✓ Como os participantes estão percebendo o projeto? ✓ Quais os pontos fortes e fracos das atividades diárias do projeto? ✓ Como o processo de implementação pode ser melhorado? ✓ O projeto está sendo eficaz? E eficiente? ✓ Dentre outras.

Fonte: Adaptado de Marino (2003).
Fonte da imagem: http://office.microsoft.com/pt-br/images/

Com esse tipo de monitoramento, busca-se atingir as metas definidas, ou seja, procura-se obter uma adequação entre as capacidades internas (forças e fraquezas do projeto) e as possibilidades externas ao projeto (oportunidades e ameaças presentes).

Com outras palavras, podemos afirmar que a avaliação de processo visa monitorar as forças macroambientais[6] (questões socioeconômicas, ambientais, financeiras, políticas, culturais etc.) e os atores microambientais[7] importantes (público-alvo, coordenadores e colaboradores do projeto, recursos materiais e financeiros etc.).

Segundo Costa e Castanhar (2002), essa modalidade de avaliação investiga, de forma sistemática, o desenvolvimento de programas sociais com o propósito de:

- Medir a cobertura do programa social;

- Estabelecer o grau em que o mesmo está alcançando a população beneficiária;
- Acompanhar seus processos internos.

A avaliação de processos pode ser definida como a maneira de verificar a substancialidade de um programa público, se ele está sendo efetivado como previsto, se está alcançando o público-alvo na intensidade prevista. A avaliação de processos requer, portanto, que se desenvolvam métodos[8] para responder às três perguntas seguintes:

- De que (e como) se constitui o programa em pauta? (métodos para desenvolver e especificar os componentes de um programa);
- O que é, na realidade, entregue aos beneficiários? (métodos para mensurar a implementação do programa);
- Por que existem diferenças entre os objetivos (e as intenções) do programa e os que são realmente realizados? (avaliar fatores que influenciam a implementação, provocando mudanças entre o previsto e o realizado).
-

Por essa razão, a avaliação de processos é uma atividade de gerenciamento (dia a dia) conduzida para verificar se cada processo é capaz de alcançar o nível especificado no projeto de intervenção. Ou seja, é uma forma de verificar se os padrões pre-estabelecidos estão sendo cumpridos, bem como identificar e solucionar eventuais problemas (FUGENCIO, 2007).

A avaliação de processos ou de implementação tenta elucidar se o programa foi implementado conforme o planejamento inicial. Já a avaliação de impactos ou resultados procura verificar se os efeitos finais foram atingidos (CANO, 2004).

Assim, a avaliação de impacto "procura determinar em que medida o projeto alcançou seus objetivos e quais os efeitos secundários (previstos e não previstos), procurando as causas" (COHEN; FRANCO, 1993, p. 109).

> A avaliação de impacto identifica os efeitos produzidos sobre uma população alvo de um programa social. Busca-se verificar não apenas se as atividades previstas foram executadas, como também se os resultados finais que se esperavam foram igualmente alcançados. (COSTA; CASTANHAR, 2002, p. 9).

O objetivo desse tipo de estudo é identificar os efeitos líquidos de uma intervenção social e detectar mudanças nas condições de vida do público-alvo ou de uma comunidade, verificando em que medida as transformações ocorreram na direção almejada. Este tipo de avaliação se dirige para fora (ambiente macro) e olha para trás (como era a realidade social antes do projeto e depois do projeto), sendo utilizada para decidir pela continuação do projeto, para formular projetos futuros e tomar decisões políticas. Dentro do possível, esse tipo de avaliação deverá ser participante[9].

A avaliação de impacto é efetuada depois de finalizar o projeto e busca-se, através dela, investigar a efetividade do programa. Esse tipo de avaliação demanda indicadores determinados e critérios norteadores do sucesso do projeto que utilizem parâmetros, ou seja, variáveis quantitativas e qualitativas, estabelecendo relações causais entre as ações do programa e o resultado final obtido.

Operacionalmente, esse tipo de avaliação necessita de dadas condições necessárias para a sua realização. Na verdade, é preciso ter decorrido algum tempo após a implementação de um projeto, para que tenhamos condições de avaliar o seu impacto. Devem-se também obter informações sobre a situação anterior (avaliação *ex ante*) ao projeto para poder efetuar a comparação.

Assim, a avaliação de impacto só poderá ser realizada se, anteriormente, foi feita a avaliação *ex ante* para o registro da realidade social antes da implementação do projeto, do programa ou da política. Segundo Cano (2004), é muito comum o programa não produzir nenhum efeito após uma implementação deficiente. As perguntas norteadoras da avaliação de impacto estão elencadas no Qudro 03.

Quadro 03: Perguntas orientadoras para a avaliação ex post de impactos

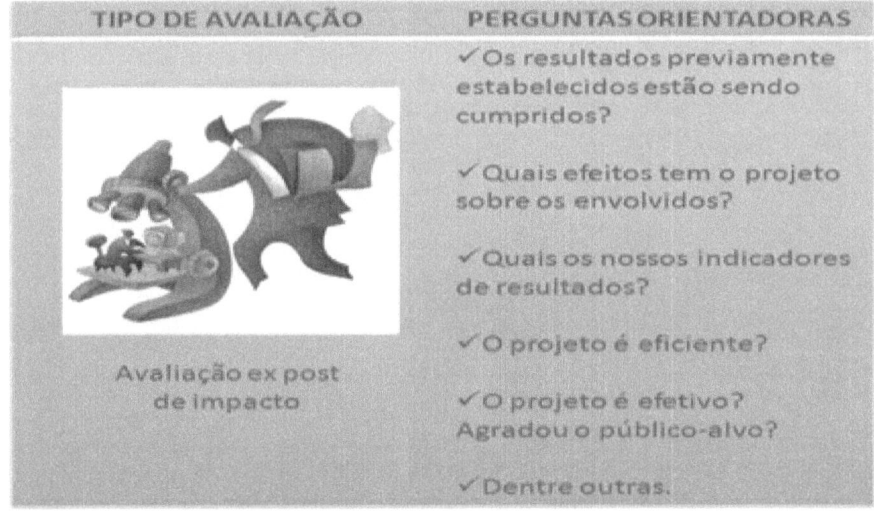

Fonte: Adaptado de Marino (2003). Fonte da imagem:
http://office.microsoft.com/pt-br/images/

O Quadro 04 traz o resumo da avaliação em função do momento e dos objetivos de intervenção. Nele, é possível perceber qual a serventia da avaliação, quem deve realizá-la, quem é o solicitante e qual o papel do avaliador nesse processo.

Quadro 04: Resumo da avaliação em função do momento e dos objetivos de intervenção

Tipo de avaliação	Solicitante	Motivo	Quem faz	Papel do avaliador
Ex ante	Própria equipe	Conhecer as necessidades do público-alvo e o contexto social onde o projeto vai atuar	Pessoa ou equipe do próprio projeto	Aprofundar-se no conhecimento do problema a ser tratado pelo projeto
Ex post – Processos	Própria equipe Financiadores	Descobrir o que funciona, o que não, e melhorar o processo de implementação	Pessoa ou equipe do próprio projeto, contando com eventual ajuda de um especialista	Facilitar o processo e assegurar a melhoria do projeto
Ex post -impacto	Própria equipe Financiadores Agências governamentais	Descobrir se as atividades desenvolvidas pelo projeto realmente provocou mudanças na vida do público-alvo	Pessoa ou equipe do próprio projeto contando com eventual ajuda de um especialista. Dependendo da complexidade, um avaliador externo é recomendado.	Julgar o mérito dos efeitos do projeto

Fonte: Adaptado de Marino (2003).
Fonte da imagem: http://office.microsoft.com/pt-br/images/

A classificação das avaliações em *ex ante* e *ex post* é muito útil e relevante, pois permite medir a eficácia, a eficiência e a efetividade do projeto, programa ou da política. Contudo, existem outras classificações complementares as expostas nesta seção. Assim, na próxima seção, serão apontados os tipos de avaliação em função de quem realiza a avaliação.

3. TIPO DE AVALIAÇÃO EM FUNÇÃO DE QUEM REALIZA A AVALIAÇÃO

Considerando o agente que realiza a avaliação, ela poderá ser de quatro tipos: externa, interna, mista e participativa.

a) Avaliação externa

É realizada por um avaliador externo à organização gestora do projeto (contratado). Tal avaliador supostamente teria mais experiência em avaliação, comparando resultados com outros projetos similares em termos de eficácia e eficiência. Porém, pode ser criticada por dar mais importância ao método de avaliação do que ao conhecimento aprofundado da área beneficiária do projeto.

Assim, podemos afirmar que o ponto forte desse tipo de avaliação consiste no avaliador ter conhecimento da metodologia de avaliação. O ponto fraco consiste na possibilidade do avaliador não possuir conhecimento substantivo da área e das especificidades do projeto.

b) Avaliação interna

Realizada dentro da organização gestora do projeto por pessoa ou membros da equipe, esse tipo de avaliação normalmente elimina os atritos de interesse da avaliação externa, já que avaliados (beneficiários) passam informações para pessoas conhecidas (gestores). Além disso, os avaliadores internos têm conhecimento substantivo do projeto e dos beneficiários.

Neste caso, os avaliados não sentiriam que estão sendo examinados por sua atuação, mas que a avaliação seria uma instância de reflexão sobre atividades realizadas. Porém, cumpre frisar que, neste tipo de avaliação, há menores garantias de objetividade: os avaliadores podem ter ideias preconcebidas, por interesse ou por valor, diminuindo as possibilidades de se realizar uma avaliação independente e imparcial. Também podem causar um choque de interesses entre diferentes atores que estão gerindo o projeto.

c) Mista

É realizada por pessoa ou equipe do próprio projeto contando com eventual ajuda de um especialista externo, pois, dependendo da complexidade do projeto, um avaliador externo é recomendado. Normalmente, a avaliação mista é organizada da seguinte forma: a avaliação interna é relativa ao andamento da equipe e aos procedimentos, já a avaliação externa preocupa-se com os resultados.

O objetivo desse tipo de análise é de que avaliadores externos realizem seu trabalho em contato e com participação dos membros do projeto (gestores), superando as dificuldades e preservando as vantagens de ambas as avaliações.

d) Avaliação participativa

Neste tipo de avaliação, a equipe responsável pelo projeto e/ou seus avaliadores incorporam no processo avaliativo a participação efetiva do público-alvo, ou seja, a avaliação conta com a participação do público-alvo.

Trata-se de um conjunto de procedimentos que se caracteriza pela interação entre gestores, avaliadores e membros das situações investigadas. Neste tipo de avaliação, os avaliadores e participantes representativos da situação ou do problema estão envolvidos de modo cooperativo e/ou participativo.

Assim, objetiva-se minimizar a distância que existe entre avaliador e beneficiários. A população-alvo é incluída no processo de análise como avaliador e não somente como avaliado. Segundo Gil (2002, p.56):

> A pesquisa participante envolve posições valorativas, derivadas, sobretudo do humanismo cristão e de certas concepções marxistas. (...) Além disso, a pesquisa participante mostra-se bastante comprometida com a minimização da relação entre dirigentes e dirigidos e por essa razão tem-se voltado, sobretudo para a investigação junto a grupos desfavorecidos, tais como os constituídos por operários, camponeses, índios etc.

A estratégia participativa prevê adesão da comunidade no planejamento, programação, execução, operação e avaliação do projeto social, ou seja, a adequada implementação do projeto depende da população afetada por ele.

O grande desafio desse tipo de avaliação será envolver o público-alvo. O avaliador deverá estar preparado para lidar com dificuldades, tais como conflito de agendas, diferentes expectativas quanto aos resultados da avaliação etc. Mas, segundo Marino (2003, p. 43) é muito importante identificar e ouvir essas pessoas, pois

> [...] só assim, será possível certificar-se, em primeiro lugar, de suas necessidades e perspectivas em relação ao processo e, em segundo, se as atividades planejadas

e executadas estão alcançando os resultados esperados. A inclusão dos diversos interessados no processo de avaliação é também uma poderosa ferramenta de envolvimento, pois, na medida em que uma pessoa é ouvida, ela se sente respeitada e propensa a retribuir com maior interesse e comprometimento.

Cumpre frisar que, na atualidade, se busca realizar a avaliação *ex ante* e *ex post* sempre de forma participativa.

Independentemente de a avaliação ser externa, interna, mista ou participativa, o avaliador não pode esquecer as premissas expostas no Quadro 05:

Quadro 05: Premissas básicas para a avaliação em função de quem realiza a avaliação

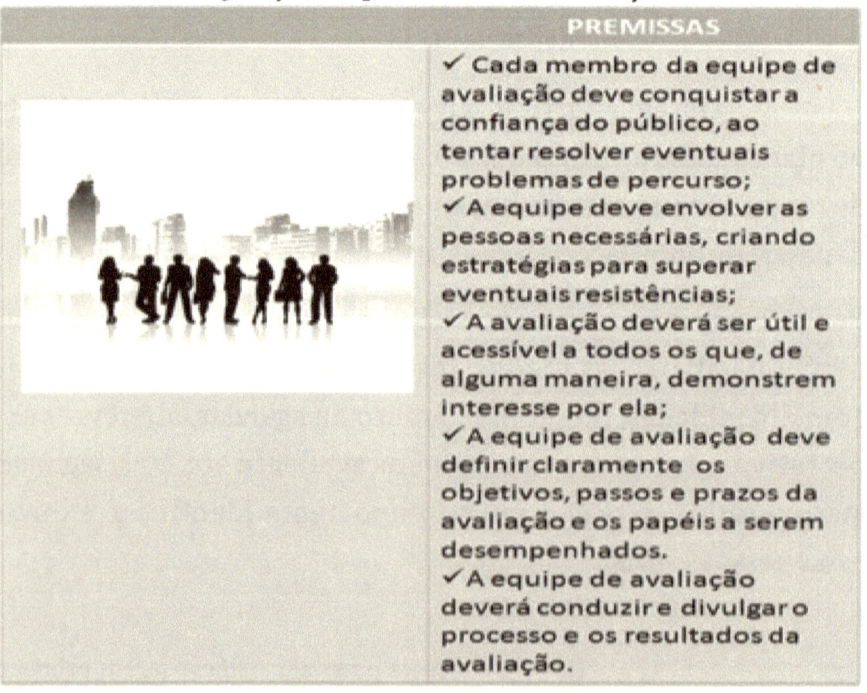

PREMISSAS

✓ Cada membro da equipe de avaliação deve conquistar a confiança do público, ao tentar resolver eventuais problemas de percurso;
✓ A equipe deve envolver as pessoas necessárias, criando estratégias para superar eventuais resistências;
✓ A avaliação deverá ser útil e acessível a todos os que, de alguma maneira, demonstrem interesse por ela;
✓ A equipe de avaliação deve definir claramente os objetivos, passos e prazos da avaliação e os papéis a serem desempenhados.
✓ A equipe de avaliação deverá conduzir e divulgar o processo e os resultados da avaliação.

Fonte: Adaptado de Marino (2003).
Fonte da imagem: http://office.microsoft.com/pt-br/images/

Na próxima seção, será vista a classificação em razão dos interessados ou grupos de interesse.

4. EM FUNÇÃO DOS DESTINATÁRIOS DA AVALIAÇÃO (PARA QUEM SE AVALIA)

A formulação, o conteúdo, a metodologia e os tipos de análises dos dados vão depender dos destinatários dos resultados da avaliação. Existem três tipos de destinatários da avaliação ao longo de um ciclo de vida de um projeto social:

a) Os dirigentes superiores que adotam decisões determinando quais projetos serão realizados destinando-lhes recursos (financiadores).

b) Os administradores cuja função é distribuir os recursos, portanto, devem gerar modelos de alocação que otimizam a relação insumo-produto.

c) Os técnicos ou equipe que executam o projeto e devem centrar-se nos aspectos operacionais e práticos.

Definidos os interessados na avaliação, a equipe de avaliação deve concentrar-se na formulação de perguntas de orientação para a análise do projeto, programa ou política. Nesse caso, a equipe deve analisar as expectativas dos agentes, analisando o próprio contrato ou a carta de intenções, assinado/a na fase inicial do projeto, para poder comparar com o atual desenvolvimento da ação.

É importante, ainda, que haja uma abordagem pessoal com os solicitantes da avaliação, para verificar eventuais expectativas (que não constam no contrato/na carta de intenções) em relação à avaliação e ao projeto, ao programa ou à política social.

SÍNTESE

Com relação à avaliação, é usual a classificação: 1) em função do momento ou dos objetivos, a avaliação poderá ser *ex ante, que* é o diagnóstico da situação presente do público-alvo antes da implementação do projeto, e *ex post,* que permite medir a performance de uma ação que já passou e se divide em avaliação de processo (monitoramento – projetos em andamento) e avaliação de impacto (projetos que já foram concluídos); 2) em função de quem realiza a avaliação, ela poderá ser externa (avaliador externo), interna (própria equipe gestora do projeto), mista (avaliador externo e interno) e participativa (envolvimento do público-alvo); 3) em função do destinatário, ela pode ser requerida por dirigentes superiores, administradores ou equipe técnica. A escolha do tipo de avaliação dependerá da realidade social a ser modificada, dos recursos humanos, materiais e financeiros disponíveis.

QUESTÕES PARA REFLEXÃO

Quando iniciar a avaliação?

Quais são os tipos de avaliação?

O que deve ser avaliado?

Quem deve compor a equipe de avaliação e quais serão as atribuições e responsabilidades de cada um?

REFERÊNCIAS

ARRETCHE, M. T. S. **Políticas sociais no Brasil:** descentralização em um Estado federativo. Rev. bras. Ci. Soc., São Paulo, v. 14, n. 40, 1999 . Disponível em: <http://www.scielo.br/scielo.php?script=sci_arttext&pid=S0102-69091999000200009&lng=pt&nrm=iso>.

CANO, Ignácio. **Introdução à avaliação de programas sociais.** 2. ed. Rio de Janeiro: Editora FGV, 2004.

COHEN, Ernesto; FRANCO, Rolando. **Avaliação de Projetos Sociais.** Petrópolis, RJ: Vozes, 1993.

_____. **Avaliação de Projetos Sociais.** 4. ed. Petrópolis, RJ: Vozes, 2011.

COSTA, F. L. da; CASTANHAR, J. C. **Avaliação de programas públicos:** desafios conceituais e metodológicos.In: VII Congresso internacional del CLAD sobre La Reforma del Estado y de la Administración Pública, 2002, Lisboa, Portugal,.8 -11. Oct.2002. Disponível em:< http://unpan1.un.org/intradoc/groups/public/documents/clad/clad0044552.pdf> Acesso em: 12 jun. 2011.

ESCOLA NACIONAL DE ADMINISTRAÇÃO PÚBLICA – ENAP. **Glossário:** acompanhamento, monitoramento e avaliação dos programas e projetos sociais do Fundo nacional de Desenvolvimento da Educação. Brasília, 2007. Disponível em:< http://www.enap.gov.br/> Acesso em 10 set. 2011.

FULGENCIO, Paulo César. **Glossário Vade Mecum:** administração pública, ciências contábeis, direito, economia, meio ambiente:14.000 termos e definições. Rio de Janeiro: Mauad X, 2007.

GIL, A. C. **Métodos e técnicas de pesquisa social.** 5. ed. São Paulo: Atlas, 1999.

IPEA – INSTITUTO DE PESQUISA ECONÔMICA APLICADA. **Políticas Sociais:** acompanhamento e análise. Brasília, março de 2008. 308p. Disponível em:< http://www.ipea.gov.br/082/08201012.jsp?>

MARINO, A.; FAÇANHA L. O. **Programas sociais:** efetividade, eficiência e eficácia como dimensões operacionais da avaliação. Rio de Janeiro: IPEA, 2001. (Texto para discussão nº 787).

MARINO, Eduardo. **Manual de Avaliação de Projetos Sociais**. 2. ed. São Paulo: Saraiva: Instituto Ayrton Sena, 2003.

A LINGUAGEM DOS PROJETOS SOCIAIS

"Avaliar: ver mais claro para caminhar mais longe."
Terezinha Azevedo Rios.

No capítulo anterior ficou evidenciado que, na avaliação de projetos, programas e ou políticas sociais faz-se necessário certo grau de previsão e planejamento, assim, deve-se distinguir, a priori, como deverá ser classificada a avaliação. Foi visto também a importância da avaliação ex ante e ex post para a efetividade de uma ação de intervenção. Bom, neste capítulo veremos que em qualquer atividade profissional nos deparamos com termos, nomenclaturas, linguagem própria e particular de determinada área do conhecimento, assim, esta aula tem como objetivo definir os principais termos utilizados nos projetos, programas e políticas sociais. Assim, buscar-se-á elucidar e diferenciar diversos termos, palavras e expressões que, muitas vezes, são tratados por sinônimos nas abordagens corriqueiras, mas assumem significados diferentes na linguagem dos projetos sociais.

Diante disso, a primeira seção traz as diferenças analíticas, as interações e a interdependência entre políticas, planos, programas e projetos sociais. A segunda seção é dedicada aos conceitos de objetivos e metas de uma ação de intervenção.

A terceira seção trata das atividades, dos insumos e dos processos necessários para a consecução dos referidos resultados dos projetos sociais. A quarta seção é destinada à avaliação, a qual procura explicar as relações entre efeitos e impactos e, suas eventuais consequências para o público-alvo. Na quinta e última seção há uma breve análise sobre população objetivo e outros beneficiários de um projeto, programa ou política social.

1. POLÍTICA, PLANO, PROGRAMA E PROJETO SOCIAL

A política pública apresenta um conjunto de diretrizes que orientam as direções a serem tomadas e as ações a serem implementadas. Segundo ENAP (2007, p.11), "refere-se aos processos, tanto sociais, políticos como econômicos, que conduzem à tomada e execução de decisões através das quais se alocam recursos a uma parte ou a toda a sociedade".

As políticas sociais podem ser percebidas como um conjunto de planos e programas dedicados à intervenção social. Esta ação governamental delineia diretrizes e metas visando o atendimento dos direitos fundamentais dispostos na Constituição. (SILVA, 2006).

Assim, a política pública social é um instrumento de reciprocidade entre Estado e cidadãos e, é baseada em instrumentos legais que são legitimados em forma de planos, programas e projetos sociais.

Na linguagem das ciências sociais as palavras plano, programa, projeto são abordadas quase como sinônimos e são muitas vezes equivalentes. Esta proximidade semântica procede do fato de remeterem à ação humana, individual ou coletiva, orientada por um fim, por uma ação intencional.

Ainda é importante ressaltar que, no cenário político brasileiro costuma-se confundir estes termos. Contudo, para melhor compreensão da avaliação de projetos, programas e políticas convém estabelecer certa distinção conceitual como mostra nas próximas subseções.

a) Planos

A POLÍTICA PÚBLICA SOCIAL GLOBAL traz postulados gerais que serão desagregados e especificados no PLANO SOCIAL GLOBAL, que prioriza setores e estabelece a integração que manterão entre si.

Mas, o que vem a ser especificamente um "plano"? E qual a relação do plano com a política social?

No plano social global os setores são articulados, levando em conta o contexto socioeconômico e/ou ambiental, o histórico e as características espaciais da localidade.

Para cada setor do plano social global é criado um PLANO SOCIAL SETORIAL, havendo desta forma, a seleção das áreas de concentração, de elaboração de programas e projetos. Neste caso, um grupo de ações é idealizado para o atendimento não somente dos interesses da maioria da população, mas também de grupos específicos organizados.

Vianna Júnior (1994) apud Vallejo (2003, p. 16) entende como política pública "uma ação planejada do governo que visa, por meio de diversos processos, atingir alguma finalidade", esta por sua vez, agrega diferentes ações governamentais através de planejamento e ações coordenadas pelo plano global e pelo plano setorial.

O plano social global é composto de um esquema organizado, controlado e direcionado por uma autoridade central. O esquema consiste na fixação de metas globais a ser atingidas em determinado período, com o auxílio dos gestores dos planos social setorial. O plano pode ser considerado

> [...] um instrumento que orienta a implementação, o monitoramento, a avaliação e a revisão de programas. Estabelece os compromissos entre os diversos atores que interagem para o alcance dos resultados dos programas/ ações. Além disso, apóia o processo de tomada de decisões estratégicas e operacionais por parte dos gerentes e coordenadores de programas e dos colegiados. (ENAP, 2007, p. 13)

No plano social global, o objetivo geral da política social é desagregado em objetivos específicos. Os objetivos específicos do plano global se transformarão nos objetivos gerais dos planos setoriais. Por fim, os objetivos gerais de cada plano setorial serão decompostos em objetivos específicos que motivarão diversos programas sociais diferentes. Assim, podemos afirmar que, o plano setorial é composto por uma soma de programas como mostra o Quadro 06.

Quadro 06: Desmembramento da política pública

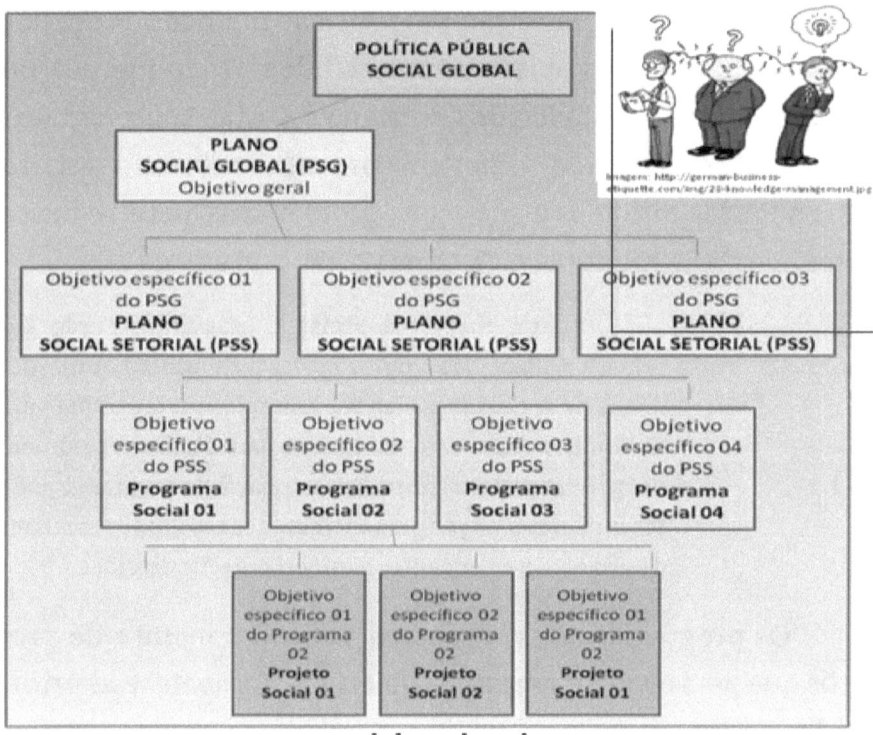

Os planos têm como responsáveis as Secretarias de Planejamento ou seus equivalentes que funcionam como um sistema nacional ou setorial (sempre pertence ao setor público). Os planos devem incluir: estratégia, meios estruturais e administrativos, formas de negociação, coordenação e direção. O período de vigência de um plano pode variar de um a vinte anos. (COHEN; FRANCO, 1993)

b) Programas

Os programas sociais visam coordenar os meios à disposição do Estado e às atividades privadas, em conformidade com uma filosofia de implantação de políticas públicas. Propende à materialização dos objetivos pretendidos, sendo mensurado por indicadores estabelecidos no plano setorial. Um programa social pode ser definido como "um conjunto articulado restrito de atividades dirigidas a situações-problema às quais se busca responder". (ENAP, 2007, p.7). Cano (2004, p.9) afirma que,

> [...] um programa social é uma intervenção sistemática planejada com o objetivo de atingir uma mudança na realidade social. Por exemplo, um programa para diminuir o consumo de drogas ou para diminuir o número de acidentes de trânsito. Em educação, o programa pode ser uma intervenção para melhorar os resultados escolares de crianças pertencentes a minorias desfavorecidas.

Os programas são compostos por um conjunto de projetos que perseguem os mesmos objetivos. Estabelece as prioridades da intervenção, identifica e ordena os projetos, define o âmbito institucional e aloca os recursos. Assim, os programas são unidades de planejamento vinculadas aos planos. Por sua vez, agregam os projetos e suas respectivas atividades, ou seja, um programa é composto por projetos. Os responsáveis pelos programas encontram-se predominantemente na esfera pública, mas existem instituições privadas de apoio[10]. O período de implementação dura em média cinco anos, mas pode perdurar por mais anos.

c) Projetos

Entende-se por projeto social como um conjunto organizado de ações de abrangência e escopo definidos, que focaliza aspectos específicos num período de tempo, realizados por pessoas associadas e articuladas, na maioria das vezes, com um determinado programa social. (PAROLIN, 2008). O projeto social deve explicitar as ações a serem desenvolvidas ao longo do processo de intervenção, bem como, apresentar um roteiro das ações que interessará à equipe de execução, aos agentes contratantes do serviço e aos potenciais beneficiários (públicoalvo).

Assim, o projeto é a unidade mínima de execução e, está subordinado muitas vezes aos programas públicos sociais. Logo, pode ser denominado como um conjunto de atividades interrelacionadas e coordenadas para alcançar objetivos dentro de um orçamento e de um período de tempo. É um instrumento de programação sistemática para alcançar o objetivo de um programa, exigindo um conjunto de operações limitadas no tempo, tendo em vista a expansão ou o aperfeiçoamento da ação governamental.

É orientado para a produção de determinados bens e serviços específicos. É a UNIDADE MAIS OPERATIVA dentro do processo de planejamento e constitui o elo final de tal processo. (PICHARDO, 1985). É denominada operativa, pois é a instância que executa a ação social elaborada no plano e no programa (veja o Quadro 01).

Como já foi lembrado, o projeto é um empreendimento que consiste num conjunto de atividades interrelacionadas e coordenadas para o atendimento de objetivos e metas, considerando-se o período de tempo e os recursos disponíveis e, normalmente faz parte de um programa.

> Não há, evidentemente, regras fixas acerca da elaboração de um projeto. Sua estrutura é determinada pelo tipo de problema a ser pesquisado e também pelo estilo de seus autores. É necessário que o projeto esclareça como se processará a pesquisa, quais as etapas que serão desenvolvidas e quais os recursos que devem ser alocados para atingir seus objetivos. É necessário que o projeto seja suficientemente detalhado para proporcionar a avaliação do processo de pesquisa. (GIL, 2002, p. 20)

A formulação e execução dos projetos pertencem tanto ao setor público como ao setor privado. O período de implementação oscila entre um e três anos, em média. Mas, pode durar mais se fizer parte de um programa. É importante ressaltar que, alguns projetos sociais não estão vinculados a programas sociais públicos. São realizados individualmente por agentes interessados em modificar a realidade social.

O interventor social, não vinculado à esfera governamental poderá elaborar um projeto social e submetê-lo à instância dos programas sociais públicos?

Caso a resposta tenha sido afirmativa, você acertou. Atualmente, devido à desconcentração das políticas públicas, o governo na sua esfera federal, estadual e municipal publica editais e portarias solicitando a submissão de projetos sociais.

Contudo, a elaboração de programas e planos sociais públicos estão restritos aos agentes vinculados ao Estado. O Quadro 07 traz um exemplo de política social brasileira e seus desdobramentos em planos e programas.

Quadro 07: Política Fome Zero

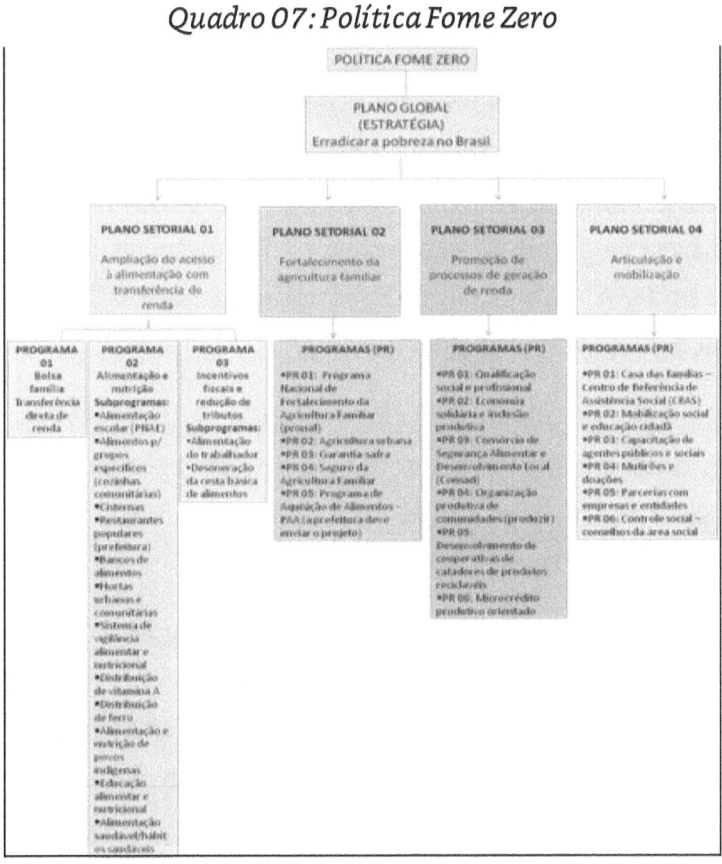

Quadro elaborado pela autora. Fonte dos dados: http://
www.fomezero.gov.br/programas-e-acoes

O plano setorial 01 - Acesso aos Alimentos [11]- contém programas e ações de transferência de renda, alimentação e nutrição e acesso à informação e educação. O programa bolsa família é o seu carro chefe, contudo, o programa de incentivos fiscais e redução de tributos, após mais de 10 de criação, ainda não foi colocado em prática. A cesta de alimentos continua muito cara devido aos impostos elevadíssimos. Cumpre frisar, que produtos mais baratos podem ser consumidos em maior quantidade, possibilitando a diminuição da fome no país.

O plano setorial - Fortalecimento da Agricultura Familiar [12]- busca o desenvolvimento de ações específicas na agricultura familiar promovendo a geração de renda no campo e o aumento da produção de alimentos para o consumo. Desta maneira, gera renda para o homem do campo evitando a sua migração para as grandes cidades, impedindo-se assim o inchaço das mesmas. A ampliação da oferta de alimentos baratearia o seu preço (efeito multiplicativo).

O plano setorial - Geração de Renda[13]- incentiva a economia solidária e desenvolve ações de qualificação da população de baixa renda no sentido de contribuir para a sua inserção no mercado de trabalho.

O plano setorial - Articulação, Mobilização e Controle Social[14]- tem como proposta estimular a sociedade a firmar parcerias com o governo federal para a realização de campanhas de combate à fome e de segurança alimentar e nutricional.

Qualquer agente qualificado tecnicamente (inclusive o Assistente Social) poderá submeter seus projetos a qualquer programa explicitado no Quadro 02. A maioria deles está vinculada as prefeituras, logo, os projetos deverão ser encaminhados a esta instância. Para maiores informações acesse o site www.fomezero.br.

Bom, agora que você já sabe a diferença conceitual entre política, plano, programa e projeto social será fácil estabelecer e avaliar os objetivos e as metas de uma ação social.

2. OBJETIVOS E METAS

Os objetivos constituem a situação (estado desejado) que se pretende atingir com a realização do plano, programa ou projeto, mediante a aplicação dos recursos e da realização das ações previstas.

No objetivo de um projeto de intervenção explicita-se o que se quer alcançar com a ação social. Assim, "todo projeto de pesquisa aponta para algo que se almeja, para um fim a ser atingido. Portanto, o projeto sempre se lança a um objetivo". (KAHLMEYER-MERTENS et al, 2007, p. 44)

No objetivo, visualiza-se o "resultado" que se almeja obter com o desenvolvimento do projeto e responde a pergunta para quê?

Um plano, um programa ou um projeto tem apenas um objetivo geral abrangente e quantos objetivos específicos forem necessários. Contudo, sugere-se não determinar muitos objetivos específicos, para não correr o risco de superestimá-los.

O objetivo geral precisa ser passível de ser desmembrado em objetivos específicos. Os objetivos específicos são instrumentais e operacionais permitindo atingir o objetivo geral.

A partir destes objetivos serão traçadas as metas mais importantes que nortearão o projeto e permitirão a sua avaliação. A meta pode ser definida como um objetivo temporal, espacial e quantitativamente dimensionado.

> Os objetivos de um programa são identificados por descrições claras do propósito a atingir, definidas as datas de início e fim de execução, além de pressupor a disponibilidade de recursos para a execução das ações requeridas. (...) Um objetivo, para ser efetivamente alcançado, deverá, sempre que possível, ter metas a ele referentes. As metas são atributos de um objetivo, criadas para melhor explicitar os alvos a serem perseguidos e evidenciar que o objetivo foi atingido na data prevista. (SANTOS; CARDOSO, 2001, p.11)

Na meta deve ser especificada a redução/aumento em termos quantitativos, o local a ser realizada a ação e em quanto tempo deverá atingir a redução/aumento de um fenômeno idealizado no início do projeto. Podem também especificar a respeito do impacto que cada objetivo produz e da quantidade de cada produto que entrega. Logo, objetivos e metas deverão estar em concordância.

Exemplo:

Elaborado pela autora.

Podemos citar como outro exemplo de meta a diminuição em 50% da evasão escolar na Escola Sonho Encantado no município de Salvador, Bahia no prazo de um ano. Observe que,

> As metas expressam quantitativamente o que se pretende atingir, a que público se destinam e em que prazo se dará a concretização do produto/resultado. Respondem, portanto, às perguntas: o que, quando, a quem e quando (CAMPUS et al, 2002 apud MARCELINO; ZINGONI; PINTO, 2007, p.35)

Assim, a meta deve ser mensurável e claramente definida. Tanto na elaboração quanto na avaliação de metas é preciso ter cuidado com o risco com sua <u>superestimação e subestimação</u>.

Muitas vezes é recomendado submeter a um especialista as metas do projeto, programa ou política social e verificar se estas são coerentes, viáveis e compatíveis com a realidade social, com os recursos financeiros e com os prazos estabelecidos pelo projeto.

Além disso, a avaliação *ex ante* é de fundamental importância para um bom dimensionamento das metas. A avaliação de metas é o tipo mais tradicional de avaliação e, tem como propósito medir o grau de êxito que um programa obtém com relação ao alcance de metas previamente estabelecidas.

Neste tipo de avaliação, define-se antecipadamente um conjunto de metas ou resultados esperados acompanhando a sua efetivação. Esta avaliação pode ser realizada sem coleta de dados primários[15], simplesmente examinando as metas propostas. (CANO, 2004)Então, busca-se verificar a realização da produção ou dos produtos (metas) elaborados e explicitados no projeto de intervenção.

Entendem-se como metas do programa os produtos mais imediatos (ou concretos) que dele decorrem como quantidade de pessoas atendidas em centros de saúde, número de leitos hospitalares, número de horas de aula, dentre outras. Essa modalidade de avaliação pressupõe que se atribuam valores a um conjunto de metas, definindo-se o êxito relativo do programa em função do grau em que tais metas tenham sido cumpridas.

A avaliação de metas trata-se, portanto, de uma avaliação *ex-post*, ou seja, requer que o programa (ou uma etapa do mesmo) tenha sido concluído para se poder avaliá-lo. Entre as principais limitações desse tipo de avaliação, pode-se citar:

- a dificuldade de especificar as metas de forma precisa;
- a existência de metas múltiplas;
- a seleção de metas a serem incluídas no processo de avaliação;

■ as mudanças nas metas ao longo da própria execução do programa.

Estabelecidas as diferenças conceituais entre objetivos e metas cabe perguntar: como vamos concretizar o projeto? A resposta desta indagação encontra-se na próxima seção.

3. ATIVIDADES, INSUMOS, PROCESSOS E RESULTADOS

A concretização de um projeto depende de um conjunto de produtos e atividades necessárias para cada objetivo específico do projeto e suas respectivas metas.

Os PRODUTOS de um projeto (resultados) estão relacionados à operacionalização do objetivo específico. Devem ser expressos em metas confiáveis, precisas, verificáveis e alcançáveis.

O conjunto de produtos são os resultados concretos das ATIVIDADES desenvolvidas a partir da utilização dos insumos e dos recursos disponíveis. O resultado está vinculado à alteração da realidade social inicial ou do problema que gerou a intervenção. Podemos citar como produtos cursos, oficinas, seminários, bolsa de estudo etc. (MARCELINO; ZINGONI; PINTO, 2007).

As atividades são ações que devem ser efetuadas dentro do processo de execução para o alcance dos objetivos e metas, ou seja, são as funções e as operações que se realizam através da estrutura (organização) como meio de obter certos produtos para conseguir os efeitos e alcançar impactos pré-estabelecidos. (COHEN; FRANCO, 1993). O conjunto de atividades recebe o nome de PROCESSO. O processo é conjunto de recursos e atividades inter-relacionadas que transformam insumos e recursos (entradas) em produtos (saídas).

Quadro 07: Exemplo de Atividades

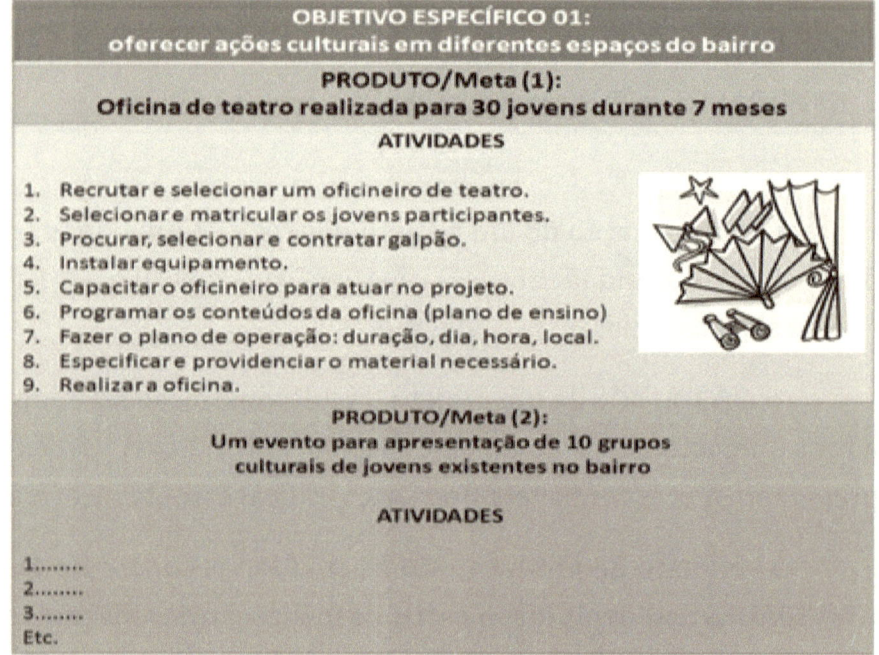

Fonte: Marcelino; Zingoni; Pinto (2007, p.38)

Observe que as nove atividades elencadas formam o processo que possibilitará a consecução dos resultados (produtos). É imprescindível dispor as atividades em uma sequência que defina quais atividades dependem de outras para serem desempenhadas, bem como, determinar o tempo necessário para a realização das mesmas.

Os recursos são físicos (máquinas, equipamentos e instalações), humanos (gestores, técnicos e auxiliares) e financeiros (dinheiro). São necessários para realização da atividade com a qual se espera atingir os resultados, assim, a boa gestão dos recursos é de suma importância para o alcance das metas estabelecidas nos prazos previstos.

Os insumos são associados ao estoque de matéria-prima que se utilizam no processo de implementação do projeto, são, portanto, elementos necessários para se conseguir os resultados. Exemplo: canetas, papel, energia, material de limpeza etc.

4. EFEITOS E IMPACTOS DE UM PROJETO SOCIAL

Costuma-se distinguir os produtos dos efeitos e do impacto. Os efeitos são resultados da utilização dos produtos. O impacto é consequência do efeito de um projeto. O impacto normalmente é medido em forma agregada, expressando o melhoramento das condições gerais.

Especificamente, o efeito é todo comportamento ou acontecimento que sofreu influência de algum aspecto do programa ou projeto, ou seja, constituem resultados das ações do programa. Pode ser verificado durante (produtos intermediários) ou depois da implementação do projeto (transformação verificada pelo projeto).

> Um programa deve ter efeitos procurados, previstos, positivos e relevantes. Efeitos procurados são aqueles que inicialmente se pensou em atingir com o programa; são previstos porque não se pode procurar ou desejar o que se desconhece e positivos porque não seria lógico elaborar programas para conseguir resultados negativos à luz da

imagem-objetivo. Podem ocorrer outros efeitos não procurados, previstos no momento de elaborar o programa. São positivos, quando se trata de conseqüências não centrais para os propósitos estabelecidos, mas valiosas por outras considerações, ou negativos, quando podem prejudicar o possível êxito do programa. Neste último caso, tenta-se minimizar seu impacto. Também haverá efeitos não-intencionais, surgidos em decorrência de limitações do conhecimento disponível ou por desinformação daqueles que elaboraram o programa e relevantes, do ponto de vista dos responsáveis pelo programa. (SANTOS; CARDOSO, 2001, p. 7)

O Impacto é definido como um resultado dos efeitos de um projeto. A determinação do impacto demanda o estabelecimento de metas mensuráveis e de um modelo casual, entre variáveis dependentes e independentes. Logo, a utilização de cálculos matemáticos e/ou estatísticos é uma condição *sine qua non* para a realização da avaliação de impactos. Segundo Cohen e Franco (1993) para o cálculo do impacto de um projeto é necessário isolar os efeitos externos que podem impactar positivamente ou negativamente o projeto.

Quadro 08: Exemplo hipotético

PROJETO PARA CONSTRUÇÃO DE CASAS POPULARES

SUPONHA QUE A QUANTIDADE DE CHUVAS DE UM DETERMINADO MÊS ULTRAPASSE A MÉDIA ESTABELECIDA PARA A DATA. HOUVE TAMBÉM DIVERSAS ENCHENTES NO PERÍODO

COMO AVALIADOR COMO VOCÊ ANALISARIA ESTE FATO?

Neste caso, o ideal é que o avaliador isolasse este efeito externo (não pode ser resolvido pelo projeto) abatendo o tempo em que a obra ficou parada devido a este problema específico.

Mas, é importante ressaltar que, na escrita do projeto, na hora de elaborar as metas e o cronograma é importante deixar uma margem maior para o tempo de consecução dos resultados, evitando assim, o problema de superestimação das metas.

A avaliação de impacto mede quantitativamente as modificações causadas nos beneficiários diretos e indiretos legítimo. Neste tipo de avaliação o avaliador deverá ter contato com a realidade social estudada para averiguar em que magnitude aquela realidade sofreu alguma efetiva mudança. "Neste caso, não se trata da mudança desejada, concebida, projetada e implementada pelos gestores públicos, mas da mudança desejada e sentida pelas populações-alvo dos programas de governo". (MONTEIRO, 2002, p. 2).

Quadro 09 Diferença entre efeito e impacto

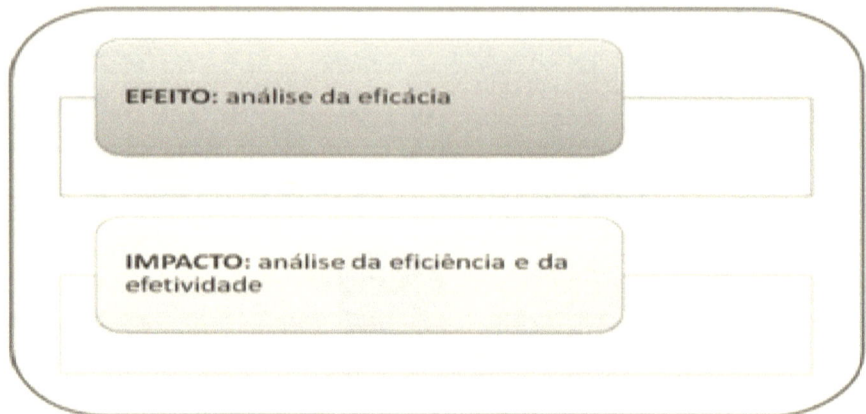

Fonte: Elaborado pela autora

Como a avaliação de impactos busca a efetividade, é imprescindível a aplicação de entrevistas junto ao público-alvo para a possível verificação da efetividade. O que se pretende com este tipo de avaliação é determinar quais efeitos podem ser realmente atribuídos a um projeto ou programa, ou seja, é uma comparação entre a situação social antes e depois da implementação.

Todo projeto, programa ou política tenta transformar um estado de coisas consideradas insatisfatórias por meio de ações que visam a um objetivo definido como mostra o Figura 13.

Figura 13: O processo do projeto

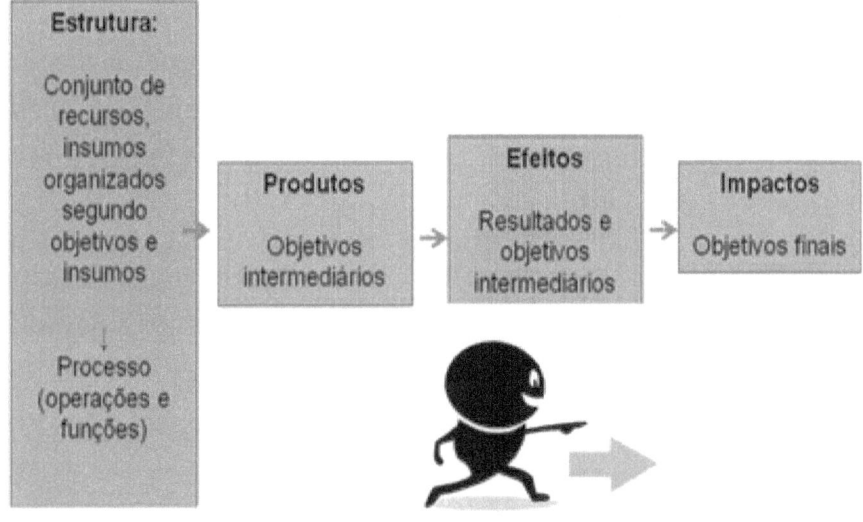

Fonte: Elaborado pela autora.

Por fim resta salientar que, podemos verificar os efeitos através de dados puramente qualitativos, porém o impacto sempre é mensurado quantitativamente.

5. POPULAÇÃO OBJETIVO E OUTROS BENEFICIÁRIOS

A definição de metas inclui a determinação do conjunto de pessoas que possua em comum algum ATRIBUTO, CARÊNCIA ou POTENCIALIDADE ao qual se destina o projeto. Estes indivíduos ou grupos de indivíduos são denominados beneficiários diretos, população-objetivo, população meta, grupo meta ou grupo focal. (COHEN e FRANCO, 1993).

Mas, o que vem a ser um beneficiário?

Os beneficiários de um projeto são todas as pessoas que, direta ou indiretamente serão favorecidas com a implementação. O projeto é concebido para os beneficiários diretos (população-objetivo) que são aqueles atingidos de forma imediata e direta pelas ações do projeto.

Mas, podem surgir beneficiários indiretos legítimos que recebem o impacto do projeto mesmo não sendo considerados na tomada de decisão. Não são considerados como população-objetivo, mas cujo favorecimento faz parte do espírito do projeto. Veja os Quadros 10 e 11.

Quadro 10: Beneficiários

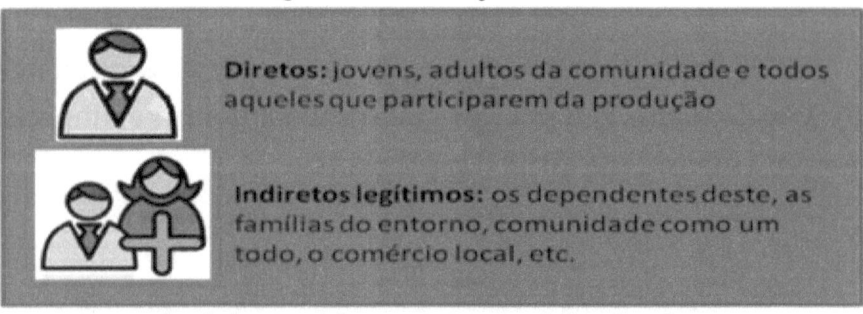

Fonte dos dados: Tenório, 2008. Quadro elaborado pela autora.

Quadro 11: Exemplo de beneficiários

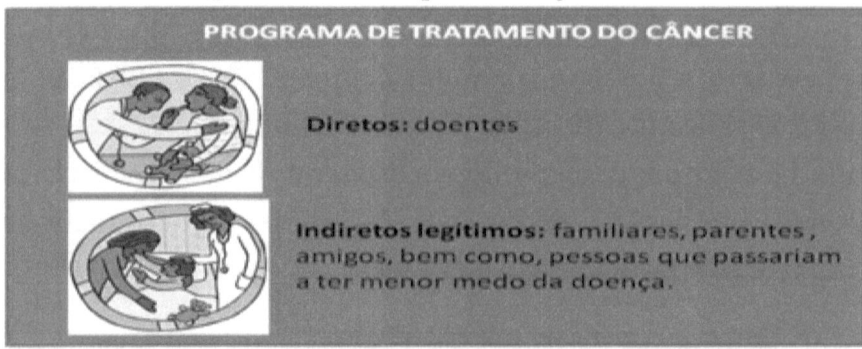

Fonte: Cohen e Franco, 1993. Quadro elaborado pela autora.

Cumpre frisar que, cuidados devem ser tomados para que o projeto não incorpore beneficiários indiretos ilegítimos, ou seja, aquelas pessoas que não possuem os atributos requeridos pelo projeto, mas acabam usufruindo do serviço. Exemplo: pessoas que não são consideradas pobres, porém burlam o sistema e conseguem se cadastrarem e utilizarem o benefício do programa Bolsa Família.

Pronto! Após ter estudado a linguagem própria e particular utilizada na elaboração e avaliação de políticas, programas e projetos sociais, você estará apto a analisar o processo de tomada de decisão através da mensuração da cobertura, eficácia, eficiência e efetividade dos mesmos, assunto que será abordado no próximo capítulo.

SÍNTESE

As políticas sociais podem ser percebidas como um conjunto de planos e programas dedicados à intervenção social. Esta ação governamental delineia diretrizes, objetivos e metas visando a operacionalização através dos projetos sociais. Estes por sua vez, deverão apresentar produtos positivos (resultados positivos para os beneficiários diretos e indiretos legítimos) dadas à utilização de recursos e insumos nas suas atividades e processos. Na avaliação de projetos, programas e políticas sociais busca-se verificar os efeitos (durante a implementação) e os impactos (após a implementação) no tecido social alvo.

QUESTÕES PARA REFLEXÃO

1. Na sua concepção, é importante distinguir termos como política, plano, programa e projetos sociais?

2. Qual a relação entre desconcentração das políticas sociais e o aumento da demanda por avaliação de projetos, programas e políticas sociais?

3. Qual a diferença e inter-relação existente entre metas e objetivos e efeitos e impacto?

4. Nos projetos, programas e políticas sociais brasileiras existem muitos beneficiários ilegítimos. Você concorda? Por quê?

SITES INDICADOS

Ministério do Desenvolvimento Social e Combate à Fome - MDS (www.mds.gov.br)

Ministério da Cultura - MINC. (www.cultura.gov.br)

Ministério da Saúde (www.saude.gov.br)

Ministério das Cidades (www.cidades.gov.br)

Ministério da Educação (www.mec.gov.br)

Ministério do Trabalho e Emprego - TEM (www.mte.gov.br)

REFERÊNCIAS

CANO, Ignácio. **Introdução à avaliação de programas sociais**. 2

ed. Rio de Janeiro: Editora FGV, 2004.

COHEN, Ernesto; FRANCO, Rolando. **Avaliação de projetos sociais**. Petrópolis, RJ: Vozes, 1993.

_____. **Avaliação de projetos sociais**. 4. ed. Petrópolis, RJ: Vozes, 2011.

FULGENCIO, Paulo César. **Glossário Vade Mecum**: administração pública, ciências contábeis, direito, economia, meio ambiente: 14.000 termos e definições. Rio de Janeiro: Mauad X, 2007.

GIL, A. C. **Métodos e técnicas de pesquisa social**. 5. ed. São Paulo: Atlas, 1999.

KAHLMEYER-MERTENS, Roberto S. et al. **Como elaborar projetos de pesquisa:**linguagem e método. Rio de Janeiro: FGV, 2007.

MARCELINO, N. C.; ZINGONI P.; PINTO, L. M. S de M. (Orgs.) **Como fazer projetos de lazer:** elaboração, execução e avaliação. Campinas, SP: Papirus, 2007. (Coleção fazer/lazer)

MARINO, A.; FAÇANHA L. O. **Programas sociais**: efetividade, eficiência e eficácia como dimensões operacionais da avaliação. Rio de Janeiro: IPEA, 2001. (Texto para discussão nº 787).

MARINO, Eduardo. **Manual de avaliação de projetos sociais**. 2. ed. São Paulo: Saraiva: Instituto Ayrton Sena, 2003.

MONTEIRO, Geraldo Tadeu Moreira. **A avaliação dos impactos sociais dos programas e governo**. VII Congreso Internacional del CLAD sobre la Reforma del Estado y de la Administración

Pública, Lisboa, Portugal, 8-11 Oct. 2002

PAROLIN, Sônia Regina Hierro (org.) Elaboração **de projetos inovadores na educação profissional.** 2. ed. (revisada e ampliada). Curitiba: SESI/SENAI/PR, 2008. (Coleção Inova; v.1) Disponível em: www.fiepr.org.br/colecaoinova Acesso em: 20 jun. 2010.

SANTOS, Luiz Alberto dos; CARDOSO, Regina Luna dos Santos. **Avaliação de desempenho da ação governamental no Brasil**: problemas e perspectivas. XV Concurso de Ensayos del CLAD "Control y Evaluación del Desempeño Gubernamental". Caracas, 2001.

SILVA, Christian Luiz da (Org.) **Desenvolvimento sustentável:** um modelo analítico integrado e participativo. Petrópolis, RJ: Vozes, 2006.

TENÓRIO, Fernando G. (Org.). **Gestão comunitária**: uma abordagem prática. Rio de Janeiro: Editora FGV, 2008. (Coleção FGV Prática)

VALLEJO, L. R.. **Políticas públicas e conservação ambiental:** territorialidades em conflito nos Parques Estaduais da Ilha Grande, da Serra da Tiririca e do Desengano (RJ). Tese (Doutorado em Geografia) – Universidade Federal Fluminense. Niterói, 2005.

EFICÁCIA, EFICIÊNCIA E EFETIVIDADE DOS PROJETOS SOCIAIS

"Os que decidem sobre o amanhã devem
avaliar o impacto no futuro."
Jacques Costeau.

No capítulo anterior, foi visto que, em qualquer atividade profissional nos deparamos com termos, nomenclaturas, linguagem própria e particular de determinada área do conhecimento, conteúdo que deve ser assimilado para a perfeita consecução dos projetos, programas e políticas sociais. Ao terminar o estudo desde capítulo, você estará apto a analisar o processo de tomada de decisão através da mensuração da cobertura, eficácia, eficiência e efetividade de projetos, programas e políticas sociais. Através dessas técnicas, você será capaz de avaliar os bloqueios existentes e propor ações de aprimoramento, beneficiando o público-alvo e ampliando o alcance da sua ação de intervenção.

Na análise de políticas, programas e projetos sociais, é necessário, para uma correta avaliação, utilizar-se de cálculos matemáticos e estatísticos. Nesta seção, serão evidenciados os cálculos matemáticos que oferecem a base para tais análises. Assim, após a exposição, realizada nas aulas anteriores, da definição de eficácia, eficiência e efetividade, serão agora apresentadas as fórmulas matemáticas para calculá-las.

1. O CÁLCULO DA COBERTURA E DA UTILIZAÇÃO

Nesta seção, será definida a cobertura e a utilização e a forma de calculá-las. O grau de COBERTURA afere os índices de cobertura da população beneficiária do programa. Logo, tanto o déficit como o superávit de pessoas beneficiadas são motivos para mudanças de rota no programa: o primeiro demonstra a necessidade de expansão do programa e o segundo mostra que está havendo desperdício de recursos (pessoas não elegíveis como população alvo estão se beneficiando do programa). (COSTA; CASTANHAR, 2002, P.10)

O grau de cobertura do programa mede a participação diferenciada dos subgrupos da população-alvo proposta. Assim, a cobertura é a proporção que existe entre a população que forma parte do grupo meta, tem necessidade e recebe os serviços, dividida pela população total do grupo meta que tem necessidade que o projeto pretende atender.

Com outras palavras, cobertura é a divisão entre população-alvo atendida (tem necessidade e recebe serviços) e população-alvo total (tem necessidade dos serviços).

Quando determinamos os beneficiários da ação social, automaticamente definimos a cobertura do projeto de intervenção, ou seja, o total de beneficiários que deverão ser cobertos (atendidos) até o final da implementação do mesmo.

Perceba que, a cobertura, nada mais é do que a proporção (%) da população afetada pelo problema que será beneficiada pelo projeto. É importante ressaltar que, é necessário ajustar o tamanho do projeto e, consequentemente, a cobertura almejada, ao montante de recursos disponíveis. (MARCELINO; ZINGONI; PINTO, 2007,)

Este cálculo tem relação com o produto que se deseja alcançar com a intervenção social. Matematicamente temos:

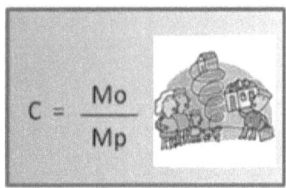

Sendo,
C = coeficiente de cobertura
Mo = a meta obtida no período
Mp = a meta programada

Exemplo: Programas Cisternas

Programa Cisternas / 2011
Produto e Unidade de Medida: Cisternas Construídas
Descrição: Apoiar Estados, órgãos federais e sociedade civil atuantes na região semi-árida na implementação de programas que visem garantir o acesso à água potável, como componente fundamental da garantia da segurança alimentar e nutricional, para as famílias de baixa renda do sertão nordestino.
Beneficiários: O beneficiário deverá ser domiciliado em município do semi-árido, ser domiciliado na zona rural do município, não possuir acesso à rede pública de abastecimento de água e ter perfil de elegibilidade ao Programa Bolsa Família
Ano do orçamento: 2010
Prazo de execução = 12 meses (2010)
Órgão Executor: Min. do Desenvolvimento Social - MDS
Unidade Executora: Secretaria Nacional de
Segurança Alimentar e Nutricional - SESAN
Com quem executa: Governos estaduais,
municipais e parceiros da sociedade civil (OSCIP).

Procedimentos e critérios para a definição da prioridade: Os municípios são selecionados segundo as faixas de prioridades estabelecidos pelo Programa: alta, média alta, média baixa e baixa, que são estabelecidas pelo Índice de Aridez, Índice de Desenvolvimento Humano Municipal (IDHM) e Estimativa de Cobertura do Programa no Município. Os beneficiários são selecionados por Conselho/Comissão municipal de acordo com os seguintes critérios de priorização: presença de mulher chefe de família, maior número de crianças de 0 a 6 anos, maior número de crianças de 07 a 15 frequentando a escola e presença de idosos e deficientes. Maiores Informações: http://www.mds.gov.br/programas/seguranca-alimentar-e-nutricional-san/cisternas e www.territoriosdacidadania.gov.br

Prazo de execução = 12 meses (2010)
Meta Física programada total (todo o semi-árido) = 34.020 cisternas construídas
Meta Financeira programada total (gasto/custo): R$ 60.371.892,00
Meta Financeira unitária programada (custo unitário – por cisterna) : 1774,6

Supondo hipoteticamente que, após 6 meses de implementação estes dados foram apurados:

Meta física obtida (após 6 meses de implementação): 12.000 cisternas
Meta Financeira unitária obtida (após 6 meses de implementação): 1.850,00

Fonte: *Elaborado pela autora com dados do MDS (www.mds.gov.br)*
Imagem: http://office.microsoft.com/pt-br/images/

Assim, com base nos dados do "exemplo Programas de Cisternas", poderemos calcular a cobertura do "Programa Cisternas":

C = Mo/Mp = 12.000/34.020 = 0,35

Para ficar mais fácil interpretar os dados, transformaremos esta proporção em percentuais, multiplicando este coeficiente por 100. Assim teremos:

C = 0,35 x 100 = 35%

Ao interpretar este número, verifica-se que o programa não está conseguindo cobrir as metas estipuladas no projeto (construir as cisternas no prazo pré-estabelecido). No prazo de seis meses (50% do tempo de implementação) pelo menos 50% das cisternas deveriam ser construídas. E, apenas 35% cisternas foram executadas, ou seja, somente 12.000.

O avaliador deverá investigar as causas dos eventuais problemas e escrever um relatório com o diagnóstico, bem como, deverá sinalizar, se possível, de qual maneira o problema deverá ser resolvido. Daí a importância de fazer avaliações *ex post* de monitoramento (processos) para sanar eventuais problemas, pois, apenas desta maneira, tem-se a certeza que no final do projeto este será efetivo, ou seja, terá impacto.

A UTILIZAÇÃO é o uso efetivo que se faz de um recurso que se encontra disponível. Pode ser definido como "COEFICIENTE DE UTILIZAÇÃO". O coeficiente de utilização é a relação entre os recursos efetivamente utilizados e os recursos disponíveis para uma atividade do programa em certa unidade de tempo. (COHEN; FRANCO, 1993). Assim, temos:

$$U = \frac{Ru}{Rd}$$

Sendo,

U = coeficiente de utilização

Ru = quantidade de recurso utilizado

Rd = quantidade de recurso disponível

Estes recursos podem ser monetários, físicos e humanos. Tomando como medida de análise o "Exemplo 01", seria possível calcular a utilização de pessoas engajadas no projeto, assim como, verificar se salas, cimento, areia, trabalhadores etc. estão ociosos. Por outro lado, também é possível perceber se os recursos estão sendo supra utilizados (desgaste, elevação da depreciação, diminuição da produtividade). Nestes casos, as possíveis correções deverão ser realizadas.

Exemplo de utilização

$$\text{Coeficiente de utilização de leitos} = \frac{\text{leitos ocupados por unidade}}{\text{leitos disponíveis por unidade de tempo}}$$

Fonte: Cohen e Franco (1993, p. 100)

O aumento do coeficiente de utilização é conseguido com o aumento da produtividade, levando consequentemente a um aumento no rendimento do projeto, programa e/ou política social.

2. EFICÁCIA

A finalidade de um projeto, programa ou política social é "produzir mudanças em alguma parcela da realidade, solucionar um problema social, ou prestar um serviço a um determinado subconjunto populacional". (COHEN; FRANCO, 1993, p.

102).

Assim, eficácia mede a magnitude em que se alcançam os objetivos e metas do projeto de intervenção, pensado para solucionar um problema social que aflige uma determinada população-alvo, em um determinado período de tempo, independentemente dos custos incorridos. Em geral, estuda-se todo o desenvolvimento da ação, especialmente a relação entre os objetivos propostos e as necessidades e demandas a serem atendidas. (COHEN; FRANCO, 1993).

> Conhecer a eficácia de um programa ou política social pública é verificar se sua operacionalização, sua processualidade foi capaz de alcançar os objetivos a que se propunha. A coerência entre finalidades, meios, instrumentos e resultados e/ou impactos obtidos é objeto da investigação da eficácia das políticas avaliadas. Este é o tipo de avaliação mais utilizado no Brasil, pela facilidade metodológica e pelo menor custo, apesar de exigir, geralmente, pesquisas de campo. Um elemento que dificulta este tipo de análise refere-se à formulação de objetivos e/ou metas. Embora se considere que na fase da formulação estamos trabalhando com a projeção ou a ideação de uma nova realidade, esta deve ser o mais próximo possível da viabilidade. Portanto, se os objetivos e metas forem formulados inadequadamente, a análise da eficácia tende a ser distorcida se não apontar essa inadequação. Os objetivos e as metas mal formulados comprometem o processo como um todo, o que se reflete nos indicadores de resultados e impactos na esfera da eficácia. (ROMERA; PAULILO, 2006, p. 17)

O cálculo da eficácia normalmente é feito através da notação matemática de Hernández Orozco (1986) *apud* Cohen e

Franco (1993, p. 102):

- L = unidades de meta obtidas.
- M = unidades de meta programadas.
- Tr = tempo real para chegar ao resultado obtido.
- Tp = tempo planejado para alcançar meta total.
- A = eficácia.

$$A = \frac{\dfrac{L}{T_r}}{\dfrac{M}{T_p}} = \frac{\dfrac{L}{M}}{\dfrac{T_r}{T_p}} = \frac{L * T_p}{M * T_r}$$

Para facilitar o processo de cálculo, segue uma pequena adaptação na notação de Hernández Orozco (1986), assim teremos:

$$Ea = \frac{Mo \; X \; Tp}{Mp \; X \; To}$$

Se Ea > 1, o projeto é mais do que eficaz
Se Ea = 1, o projeto é eficaz
Se Ea < 1, o projeto é ineficaz

Fonte: Dedução e adaptação da fórmula feita pela autora.

Sendo,

Ea = eficácia
Mo = meta obtida
Tp = tempo planejado para alcançar a meta total
Mp = meta programadas
To = tempo real para chegar ao resultado obtido

Atenção! Para que o cálculo da eficácia seja realizado corretamente, é preciso que a programação de metas e de tempo tenha sido efetuada de forma adequada. Se padrões adotados são inadequados e cálculo do tempo é errôneo, metas serão arbitrárias e verificação da eficácia ficará comprometida.

Exemplo - Atacar o mal de chagas:

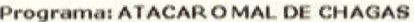

Programa: ATACAR O MAL DE CHAGAS

Vetor: barbeiro que se prolifera sobre tudo em casebres e construções precárias
Meta: desinfetar 2000 casas rurais na zona pobre do país em 22 semanas
Custo: $ 12,00 por casa desinfetada

Ao chegar na 15ª semana após iniciada as ações, verificou-se que tinham sido tratadas 1500 casas e o custo unitário havia sido de $ 14.

http://bvsms.saude.gov.br/bvs/publicacoes/Pesquisa_Saude/tabel_2.html

Exemplo extraído de Cohen e Franco (1993, p. 103)

Ao chegar na 15ª semana, após iniciadas as ações, verificou-se que tinham sido tratadas 1500 casas e o custo unitário havia sido de $ 14.

$$Ea = \frac{Mo \; X \; Tp}{Mp \; X \; To} = \frac{1500 \; X \; 22}{2000 \; X \; 15} = 1,10$$

Dado que eficácia foi maior do que 1 (Ea > 1), as atividades do programa estão sendo mais eficazes que a programação realizada, ou seja, um rendimento de 10% a mais por unidade de tempo.

Assim teremos a seguinte relação:

Programada = desinfetar 2000 em 22 semanas

= 2000 ÷ 22

= 91 casas por semana

Realizada = desinfetar 1500 em 15 semanas

= 1500/15

= 100 casas por semana

Observe que, nove casas a mais são desinfetadas, em média por semana. O programa está sendo mais do que eficaz.

3. EFICIÊNCIA

O conceito de eficiência pode ser considerado a partir de duas perspectivas complementares:

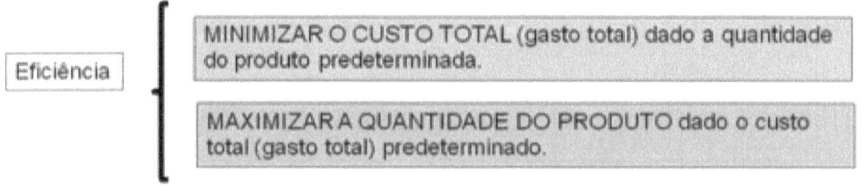

O conceito de eficiência é usado predominantemente na análise financeira e está associado à noção de ÓTIMO. "Ótimo são as quantidades físicas mínimas de recursos requeridos (insumos) para gerar certa quantidade de produto, assumindo tecnologia constante" (os recursos físicos, monetários e humanos já estão estabelecidos no cronograma e no orçamento). (COHEN; FRANCO, 1983, p.104).

Os insumos requeridos podem ser expressos em unidades monetárias, assim, a eficiência poderá ser definida como a relação existente entre os produtos e os custos dos insumos.

Eficiência e produtividade são conceitos semelhantes, dado que relacionam recursos com resultados, mas a produtividade considera os recursos em unidades físicas (quantidades), enquanto que a eficiência traduz os insumos a unidades monetárias (dinheiro, valor).

Assim, segundo Romero & Paulilo (2006, p. 15) a avaliação da eficiência é o estudo

> [...] entre os recursos ou insumos empregados na implementação de uma política social pública ou um programa, os resultados alcançados e impactos produzidos. Este tipo de avaliação possibilita conhecer diversas variáveis na relação recursos/resultados/impactos, tais como: se os resultados e os graus de impacto obtidos poderiam ser alcançados com recursos menores ou, ao contrário, se os resultados esperados e o impacto necessário dependerão de maiores investimentos financeiros e/ou reorganização de recursos materiais, humanos ou físicos ou mesmo financeiros; se os recursos são adequados para se obter alguns resultados, mas não produzem impactos necessários. Concluímos assim, que a eficiência não se resume a uma simples relação entre recursos financeiros, resultados e impactos. Pode ocorrer que um grande investimento financeiro mal gerenciado e pulverizado produza pequenos resultados que não obtêm nenhum impacto.

Retomando a notação de Hernández Orozco (1986), temos o seguinte cálculo para a eficiência:

- Cr = custo real.
- Cp = custo programado.
- B = eficiência.

$$B = \frac{\dfrac{L}{T_r * C_r}}{\dfrac{M}{T_p * C_p}} = \frac{\dfrac{L}{M}}{\dfrac{T_r * C_r}{T_p * C_p}} = \frac{L * T_p * C_p}{M * T_r * C_r} = A\frac{C_p}{C_r}$$

Com a adaptação feita teremos:

$$Ei = \frac{Mo \times Tp \times Cp}{Mp \times To \times Cr} = Ea \times \frac{Cp}{Cr}$$

Sendo,
Ei = eficiência
Mo = meta obtida
Tp = tempo planejado para alcançar a meta total
Mp = meta programada
To = tempo real para chegar ao resultado obtido
Ea = eficácia
Cp = custo programado
Cr = custo real (equivalente a Co - custo obtido)

Se Ei > 1, o projeto é mais do que eficiente
Se Ei = 1, o projeto é eficiente
Se Ei < 1, o projeto é ineficiente

Retornando aos dados do Exemplo do programa referente ao Mal de Chagas:

$$Ei = \frac{Mo \times Tp \times Cp}{Mp \times To \times Cr} = \frac{1500 \times 22 \times 12}{2000 \times 15 \times 14} = 0{,}9429$$

Ao interpretar o resultado percebe-se que as atividades do programa têm 94,29% de eficiência, ou seja, estão sendo executados com 5,71% de ineficiência relativa à sua programação original.

Neste caso, o programa é eficaz, porém, não é eficiente[16]. Mas, como isto pode ocorrer?

Bom, isto quer dizer que, o programa está conseguindo atingir a meta estabelecida de maneira mais do que eficaz, porém está gastando mais do que o programado! Provavelmente, as pessoas encarregadas em aplicar o produto estão fazendo rápido demais desperdiçando produto, ou os preços dos produtos podem ter tipo uma alta[17]. Cabe ao avaliador verificar o que está ocorrendo e propor os devidos ajustes.

Para assimilar melhor o conteúdo estudado, vamos calcular a eficácia e a eficiência para os dados do "Exemplo 01". Lembre-se que a unidade de tempo neste caso é em meses.

$Ea = (Mo \times Tp) \div (Mp \times To)$
$Ea = (12.000 \times 12) \div (34.020 \times 6)$
$Ea = 144.120 \div 204.120$

Ea = 0,705

Portanto, o programa é ineficaz, não está cumprindo a meta estabelecida. Agora vamos calcular a eficiência.

Ei = Ea x (Cp ÷ Co)
Ei = 0,705 x (1.774,60 ÷ 1.850,00)
Ei = 0,705 x 0,96
Ei = 0,68

O programa também é ineficiente.

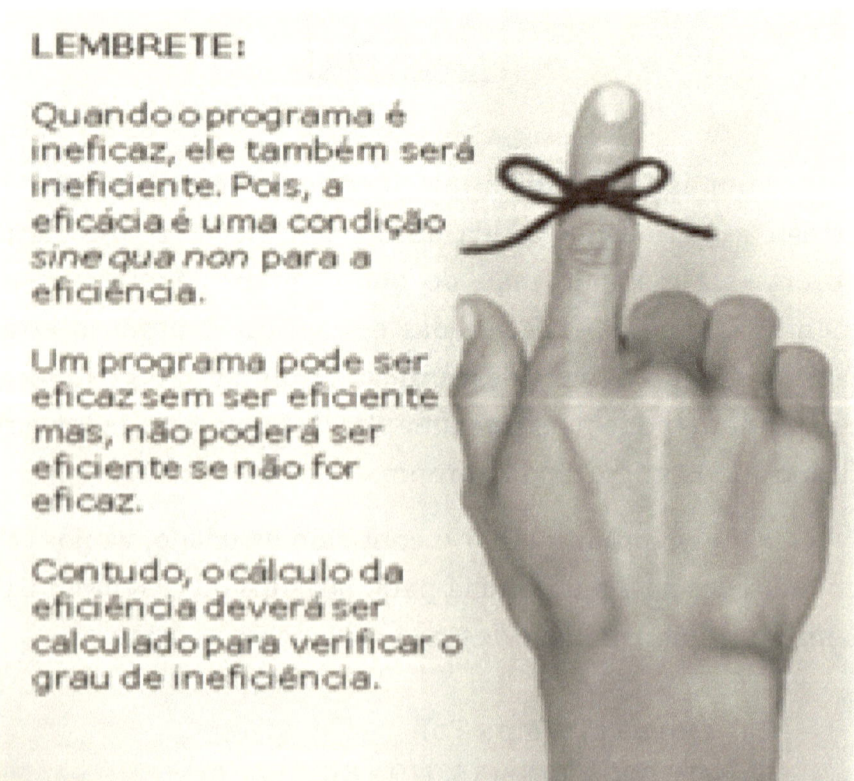

LEMBRETE:

Quando o programa é ineficaz, ele também será ineficiente. Pois, a eficácia é uma condição *sine qua non* para a eficiência.

Um programa pode ser eficaz sem ser eficiente mas, não poderá ser eficiente se não for eficaz.

Contudo, o cálculo da eficiência deverá ser calculado para verificar o grau de ineficiência.

Noções de eficácia e eficiência possuem limitações, mas permitem medir grau de racionalidade na alocação de recursos em cada atividade de projetos sociais.

4. EFETIVIDADE

A Efetividade expressa o resultado real dos fins, objetivos e metas almejados. Logo, é a medida do impacto ou o grau de alcance dos objetivos. Está relacionada à ANÁLISE CUSTO-EFETIVIDADE que determina o grau de eficácia e eficiência relativo de diferentes alternativas de um mesmo projeto (ou de projetos que possuem mesmos objetivos).

$$\text{Efetividade} = \text{relação entre resultados e objetivo} = \frac{Resultados}{Objetivos}$$

Assim,

> o estudo da efetividade deve considerar sempre os aspectos prévios relacionados ao programa ou projeto que está sendo avaliado, a fim de compará-los com os resultados obtidos na implementação do referido programa. Neste caso, os dados empíricos e os indicadores sociais que compõem um diagnóstico social e/ou que demonstrem a necessidade de um projeto social, justificando sua implementação podem servir de base para esta relação, tanto na construção prévia de indicadores sociais como na de novos indicadores no decorrer da implementação do programa, assim como de todos os demais conhecimentos oriundos do processo de avaliação. (...) O estudo da efetividade deve

demonstrar que tipo de repostas o projeto foi capaz de concretizar ante a necessidade que justificou sua implementação, ou seja: como, quanto, por que, quando e quais transformações se processaram naquela determinada dimensão social. Evidentemente não estamos nos referindo a uma relação linear entre projeto e resultados X ou Y, mas às múltiplas tramas existentes entre o projeto e a rede de relações estabelecidas entre os sujeitos nele envolvidos direta e indiretamente, de forma a buscar possíveis ligações que demonstrem a efetividade da intervenção. (ROMERO & PAULILO, 2006, p. 18-19)

A efetividade tem duas dimensões em função dos fins perseguidos pelo projeto:

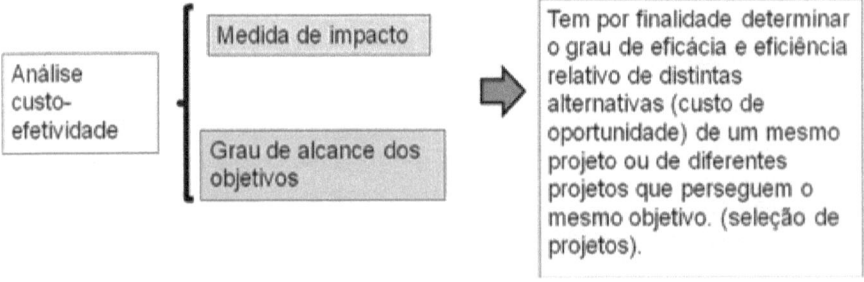

Na análise custo-efetividade é realizada "uma comparação de formas alternativas da ação social para a obtenção de determinados impactos, para ser selecionada aquela atividade/projeto que atenda àqueles objetivos ao menor custo". (COSTA; CASTANHAR, 2002, P.3)

Um exemplo clássico, para demonstrar essa diferença entre efetividade e eficácia é o programa de vacinação de idosos contra o vírus da gripe: vamos supor que a meta foi atingida e, um número x de idosos foi vacinado em um tempo determinado (eficácia). Contudo, isso não significa que o mesmo tenha reduzido substancialmente a incidência da doença num determinado período de tempo. Assim, a campanha pode ser eficaz e não ser efetiva. Para ser efetiva, ela tem que diminuir de maneira significativa a incidência de idosos com diagnóstico de gripe.

> A efetividade, apesar de muitas vezes ser empregada como sinônimo de eficácia (às vezes, como sinônimo de eficiência), é bem mais abrangente que as duas primeiras. A efetividade supõe não só a realização das condições de eficiência e eficácia, como, também, a correspondência com as demandas da população ou de determinados estratos populacionais ou de grupos (demandas de consumidores, de magistrados, de crianças e adolescentes, etc. (GUSTIN; DIAS, 2006, p. 103).

Neste caso, para saber se um projeto, programa ou política social é efetivo calcula-se a eficácia e eficiência e mede-se a aceitabilidade do público-alvo através da realização de entrevistas e observações (métodos estatísticos).

Assim, o programa só é efetivo se for eficaz, eficiente e aceito e demandado pelo público-alvo. Assim, no estudo da efetividade analisa-se o cumprimento dos objetivos e a satisfação das necessidades e demandas da população beneficiária.

Ou seja, a efetividade é uma medida de impacto (avaliação *ex post*) na medida em que o objetivo esperado é materializado e mudou positivamente uma determinada realidade social. Logo, ela decorre do alcance da eficácia e da eficiência concomitantemente, bem como, da satisfação do usuário.

Ela ocorre "quando um produto ou serviço foi percebido pelo usuário como satisfatório. (CHIAVENATO, 2006, p. 181)

Por fim, cumpre frisar que, a efetividade demanda a medição da eficácia e da eficiência, obtidas através de formulações matemáticas. Outra maneira de avaliar o desempenho das políticas, programas e projetos sociais é por meio de indicadores. No próximo capítulo será mostrado que, o uso de indicadores é uma das formas de se medir e avaliar a qualidade de produtos, processos, resultados e impactos.

SÍNTESE

As pessoas confundem os termos eficiência, eficácia e efetividade. Por estarmos tratando de monitoramento e avaliação de projetos, programas e políticas, é imprescindível diferenciá-los. A eficácia é medida através da fórmula Ea = (Mo x Tp) ÷ (Mp x To). A efetividade é uma medida de impacto (avaliação *ex post*) na medida em que o objetivo esperado é materializado e mudou positivamente uma determinada realidade social. Logo, ela decorre do alcance da eficácia e da eficiência simultaneamente, bem como, da satisfação do usuário.

QUESTÕES PARA REFLEXÃO

1. Um programa com um coeficiente baixo de cobertura será eficaz?

2. O conceito de eficiência relaciona-se com a maneira pela qual fazemos a coisa. É como fazemos, o caminho, o método, ou seja, a economia de meios, o menor consumo de recursos dado um determinado grau de eficácia? Um programa poderá ser eficiente se for ineficaz?

3. É correto afirmar que, para avaliar o impacto de um projeto, programa ou política social é preciso mensurar a sua efetividade?

SITES INDICADOS

http://www.assistentesocial.com.br

http://portal.fgv.br/

REFERÊNCIAS

CHIAVENATO, Idalberto. **Administração geral e pública.** Rio de Janeiro: Elsevier, 2006.

COHEN, Ernesto; FRANCO, Rolando. **Avaliação de projetos sociais.** Petrópolia, RJ: Vozes, 1993.

_____. **Avaliação de projetos sociais.** 4. ed. Petrópolis, RJ: Vozes, 2011.

COSTA, Frederico Lustosa da; CASTANHAR, José Cezar. **Avaliação de programas públicos**: desafios conceituais e metodológicos. VII Congreso Internacional del CLAD sobre la Reforma del Estado y de la Administración Pública, Lisboa, Portugal, 8-11 Oct. 2002.

GUSTIN, M. B. de S.; DIAS, M.T.F. **Repensando a pesquisa jurídica:** teoria e prática. 2ª ed.rev. ampl. e atual. Pela BBR 14.724 e atul. Pela ABNT 30/12/05 - Belo Horizonte: Del rey, 2006.

MARCELINO, N. C.; ZINGONI P.; PINTO, L. M. S de M. (Orgs.) **Como fazer projetos de lazer:** elaboração, execução e avaliação. Campinas, SP: Papirus, 2007. (Coleção fazer/lazer)

ROMERA, V. M.; PAULILO, M. A. S. Avaliação em políticas sociais: dimensão constituinte e constitutiva. In. **Revista Ágora**: Políticas Públicas e Serviço Social, ano 2, nº 4, julho 2006 – ISSN – 1807-698X. Disponível em http://www.assistentesocial.com.br

INDICADORES DE AVALIAÇÃO SOCIAL

"O que pode ser medido, pode ser melhorado"
(Peter Drucker).

Como vimos no capítulo anterior, o processo de avaliação utiliza-se de cálculos matemáticos e, através destes, podemos mensurar o impacto de uma ação social. Foi visto também que a efetividade demanda a medição de eficácia e eficiência e que estas são obtidas através de formulações matemáticas. Neste capítulo, procura-se discutir alguns aspectos relacionados com a medição de desempenho por meio de indicadores. O uso de indicadores é uma das formas de se medir e avaliar a qualidade de produtos, processos, resultados e impactos.

Os indicadores permeiam nosso cotidiano. As nossas vidas são reguladas por eles, já que caracterizam a nossa condição de vida. Contudo, é na esfera da gestão de projetos sociais que a sua aplicação se torna crucial, pois não é possível a elaboração de um projeto social sem dispor de informação sobre a realidade na qual se pretende atuar (avaliação *ex ante*).

Entretanto, esta necessidade de informação permeia também a avaliação *ex post* de processos, de resultados e de impacto. Para efetuar qualquer desses tipos de análises, é imperativo recorrer à informação estatística e/ou matemática, devidamente organizada em torno de objetivos concretos de análise.

Como a ocorrência de problemas sociais está relacionada a um contexto econômico, social e político, é fundamental dispor de indicadores de evolução social que:

> Permitam uma boa leitura da evolução da sociedade e do seu bem-estar, mas de uma forma que possibilite, aos diferentes observadores interessados desta realidade, atribuir valorações distintas aos vários aspectos da realidade que sejam fatores constituintes desse bem-estar. (PEREIRINHA, 2003, não paginado).

Este estudo divide-se em seções assim denominadas: dos objetivos e metas aos indicadores, principais aspectos e funções de um indicador, tipos de indicadores, critérios de classificação de indicadores sociais e transformando conceitos em indicadores.

1. DOS OBJETIVOS E METAS AOS INDICADORES

As estatísticas públicas apresentam muitas vezes o dado social na forma bruta, parcialmente preparada para uso na interpretação empírica da realidade. Constituem essas estatísticas os censos demográficos, pesquisas amostrais e registros administrativos.

Tais estatísticas são utilizadas para construção de indicadores[18] sociais, os quais permitem contextualizar e comparar a realidade social. Os indicadores sociais possuem um conteúdo informacional (um valor contextual baseado em uma teoria social ou finalidade programática), sinalizando o alcance de uma situação ou estado desejado.

Segundo Cohen & Franco (2011, p. 152):

> Uma instância central do processo de avaliação consiste em determinar o grau em que foram alcançadas as finalidades do projeto. Isto requer dimensionar o objetivo geral em subconjuntos de objetivos específicos, os quais por sua vez terão "metas", cuja obtenção será medida através de indicadores. As variações nos valores que são verificados nas unidades de análise permitem quantificar este processo. Na avaliação, o indicador é a unidade que permite medir o alcance de um objetivo específico.

Assim, um indicador é um sinalizador de metas, ou seja, é uma ferramenta que serve para aferir um resultado ou objetivo. Torna-se, portanto, a base para o acompanhamento, monitoramento e avaliação de projetos, programas e políticas sociais. Segundo Santos e Cardoso (2001, p. 9), "a adoção de um sistema de indicadores de gestão, que avalie permanentemente a eficiência, a eficácia e a qualidade dos serviços prestados à comunidade tem um enorme potencial como ferramenta para melhorar a gestão pública".

Paulo Jannuzzi (2005, p. 137) afirma que:

> O interesse pela temática dos indicadores sociais e sua aplicação nas atividades ligadas ao planejamento governamental e ao ciclo de formulação e avaliação de políticas públicas vêm crescendo no País, nas diferentes esferas de governo e nos diversos fóruns de discussão dessas questões. Tal fato deve-se, em primeiro lugar, certamente, às mudanças institucionais por que a adminis-

tração pública tem passado no País (...). Os indicadores apontam, indicam, aproximam, traduzem em termos operacionais as dimensões sociais de interesse definidas a partir de escolhas teóricas ou políticas realizadas anteriormente. Prestam-se a subsidiar as atividades de planejamento público e a formulação de políticas sociais nas diferentes esferas de governo, possibilitam o monitoramento das condições de vida e bem-estar da população por parte do poder público e da sociedade civil e permitem o aprofundamento da investigação acadêmica sobre a mudança social e sobre os determinantes dos diferentes fenômenos sociais.

Na avaliação de projetos sociais, é muito importante determinar o grau em que as finalidades foram alcançadas. Logo, é preciso determinar:

1) Objetivo geral;

2) Subconjuntos de objetivos específicos;

3) Subconjuntos de "dimensionalização operacional dos objetivos específicos" (metas);

4) Subconjuntos de indicadores.

Figura 14: Dos objetivos aos indicadores

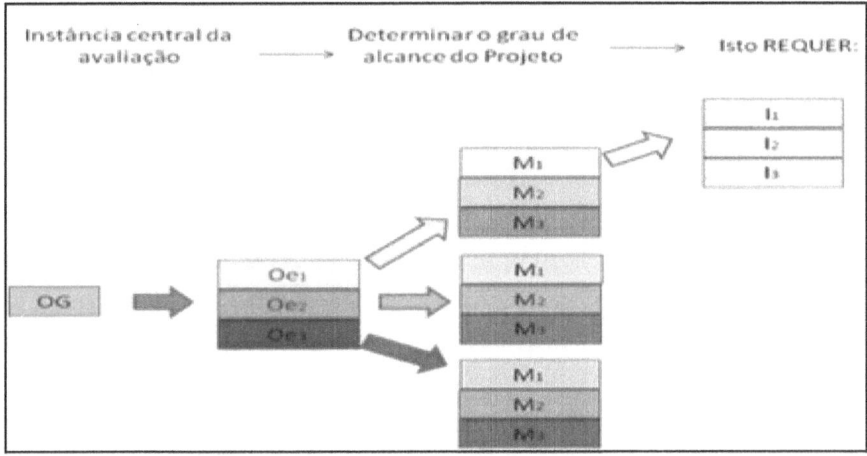

Fonte: Baseado em Cohen e Franco (1993, p. 154).

Observe que, para cada meta, é estabelecido pelo menos um indicador de avaliação. Assim, o indicador é a unidade que permite medir o alcance de um objetivo específico e suas respectivas metas, permitindo, assim, realizar inferências válidas, desde que consigam medir o conceito abstrato em análise. A seguir, uma sugestão de planilha para a formulação de indicadores:

PLANILHA DE PLANEJAMENTO DA AVALIAÇÃO			
Objetivos	Metas	Indicadores	Observação

Cabe ressaltar que a avaliação aproveita os progressos

da metodologia de pesquisa, que desenvolveu procedimentos e técnicas que permitem transformar conceitos abstratos em variáveis mensuráveis.

> Os indicadores a utilizar devem, de forma adequada, refletir uma dada concepção (fundada teoricamente e social e politicamente reconhecida) do problema, quer nas suas manifestações ou nas suas causas quer na natureza dos meios necessários para sobre ele atuar. Também é desejável que alguns indicadores possam funcionar como indicadores de alerta social, querendo com isto significar que possam permitir que os analistas do problema e os decisores da política conheçam, com a antecedência requerida para a intervenção, a gravidade e a tipologia desse problema social. (PEREIRINHA, 2003, não paginado)

Por fim, um indicador social poderá ser definido como um procedimento estatístico/matemático que objetiva quantificar o grau de bem-estar ou qualidade de vida de uma população. Podemos citar como indicadores sociais: nível de emprego, nível de instrução, mobilidade social, perfil cultural, qualidade habitacional, oportunidades de lazer, grau de depredação ambiental, entre outros. (SANDRONI, 2002).

2. PRINCIPAIS ASPECTOS E FUNÇÕES DE UM INDICADOR

Como exposto no tópico 01, o indicador é uma unidade de análise que permite medir o alcance de um objetivo específico e o progresso em direção a uma determinada meta. Assim, é através dos indicadores que as informações são resumidas, permitindo transformar conceitos abstratos em VARIÁVEIS mensuráveis. Como visto no capítulo 02, uma variável é uma representação operacional de um atributo (qualidade, característica, propriedade) de um sistema.

Podemos afirmar que a mais importante característica de um indicador é sua relevância para o processo de tomada de decisões, pois ele simplifica as informações sobre os fenômenos complexos, tentando melhorar, com isso, o processo de comunicação. Essas informações apontam para as características do sistema, realçando o que está acontecendo, logo, são elementos indispensáveis para a elaboração de diagnósticos.

Os indicadores possuem diversas funções na avaliação, como mostra o quadro a seguir.

FUNÇÕES DOS INDICADORES SOCIAIS	
Substitui, quantifica ou operacionaliza um conceito social (abstrato, de interesse teórico / pesquisa acadêmica) ou pragmático, para formulação e reformulação de políticas públicas.	
É um recurso empírico que informa algo sobre um aspecto de realidade social ou sobre mudanças que estão ocorrendo na mesma.	
Subsidiam as atividades de planejamento público e formulação de políticas sociais nas diferentes esferas de governo.	
Permitem monitoramento por parte do poder público e da sociedade civil das condições de vida e bem-estar da população.	
Permitem uma definição mais adequada das prioridades sociais e da alocação de recursos.	
Servem tanto para informação básica para a construção de diagnósticos sobre a realidade social, dirigindo o desenho das políticas e programas, quanto como instrumento de medida de eficiência, eficácia e impacto das políticas e programas.	
Serve para comparar projetos semelhantes com portes diferentes. Bem como, comparar a realidade social anterior e posterior do projeto (avaliação de impacto)	

Fonte: Adaptado de Kerbauy (s. d.).
Fonte das imagens: http://office.microsoft.com/pt-br/images/

Observe que, além de servirem para apresentação de diagnósticos, servem como meios de verificação (avaliação) da efetividade. Para cada indicador, deve-se especificar de onde são obtidas as fontes de verificação.

Para a utilização na formulação e avaliação de políticas públicas, o indicador social deve apresentar uma série de propriedades, como relevância para a política social, validade em representar o conceito mostrado, por fim, ser confiável e inteligível para os atores envolvidos, bem como possuir custos factíveis. (JANNUZZI, 2002).

3. TIPOS DE INDICADORES

Os tipos de indicadores utilizados em um projeto social vão depender da concepção e das estratégias de intervenção escolhidos, bem como da maneira que se pretende operacionalizá-lo. (MARCELINO; ZINGONI; PINTO, 2007).

Santos e Cardoso (2007) afirmam que, "para se utilizar um indicador, é necessário antes ter bem definidos alguns passos no planejamento ou no monitoramento, a fim de melhor utilizar os padrões de comparabilidade e de mensurabilidade". Ressalta-se que os indicadores podem ser traduzidos em número, percentual, descrição de processos ou fatos que indicam a mudança qualitativa e/ou quantitativa de uma condição específica.

Figura 25: Tipos de indicadores quanto à natureza

De risco
(fatores externos e internos)

De insumo
(eficiência do projeto)

Indicadores

De processo
(eficiência do projeto)

De resultados
(eficácia do projeto)

Fonte: Elaborada pela autora.

Na consecução de um projeto, nos deparamos com incertezas e riscos, ou seja, pode ocorrer um fator externo ao projeto que produza um resultado indesejável. Por exemplo, um volume muito grande de chuvas pode gerar um resultado indesejável em projetos de habitação, como os da CONDER – Companhia de Desenvolvimento Urbano do Estado da Bahia.

Assim indicadores de riscos devem ser incorporados ao projeto e à avaliação, na tentativa de administrar e diminuir os seus efeitos negativos. Nesse caso, deve-se medir a probabilidade de ocorrência do fenômeno e seu possível impacto sobre o projeto. Segundo Marcelino, Zingoni e Pinto (2007, p.54):

> A severidade do dano, que poderá ser de maior ou menor intensidade para o projeto, pode afetar, por exemplo: o desempenho ou a efetividade, na sua forma de objetivo final do projeto; o custo, por promover despesas acima das orçadas; o cronograma, por acarretar atrasos. A gestão de riscos consiste em processos sistemáticos de identificação, de análise e de avaliação de riscos e no estabelecimento de respostas adequadas a eles. Assim, se os riscos estão mapeados, é preciso estabelecer um plano alternativo ou um plano B, que pode ser denominado plano de ações corretivas ou plano de emergência.

Os indicadores-insumo quantificam os recursos, ou seja, verifica a disponibilidade de recursos humanos, financeiros ou de equipamentos alocados para o processo ou programa. Assim, esse tipo de indicador quantifica os recursos disponibilizados nas diversas políticas sociais, como: número de leitos hospitalares por 1.000 habitantes, número de professores por quantidade de estudantes, gasto monetário *per capita* nas diversas áreas sociais. (JANNUZZI, 2005).

Indicadores-processo ou fluxo são indicadores intermediários, vinculados à realidade social, permitindo medir o empenho operacional de alocação de recursos humanos, físicos ou financeiros para o alcance de melhorias reais de bem-estar do público-alvo (indicadores-produto). Referem-se, por exemplo, ao número de consultas pediátricas por mês, merenda escolar distribuídas, ou quantidade de pessoas envolvidas com o projeto social. (JANNUZZI, 2005).

Note que o estudo da eficiência está relacionado com os indicadores-insumo e com os indicadores-processo.

Já os indicadores de resultados medem o efeito da utilização dos produtos oferecidos pelo projeto, ou seja, medem a eficácia. Segundo o ENAP (2007, p. 15), os indicadores

> São variáveis resultantes de processos sociais complexos, como a esperança de vida ao nascer, proporção de crianças fora da escola ou nível de pobreza. São medidas representativas das condições de vida, saúde, nível de renda da população, indicativas da presença, ausência, avanços ou retrocessos das políticas sociais formuladas. Esses indicadores retratam os resultados efetivos das políticas sociais.

Observe que, para medir a efetividade, devem-se utilizar os indicadores citados no Quadro 12. Outra maneira de classificar os indicadores é quanto à forma de avaliação. Assim, temos:

Quadro 12: Tipos de indicadores quanto à avaliação

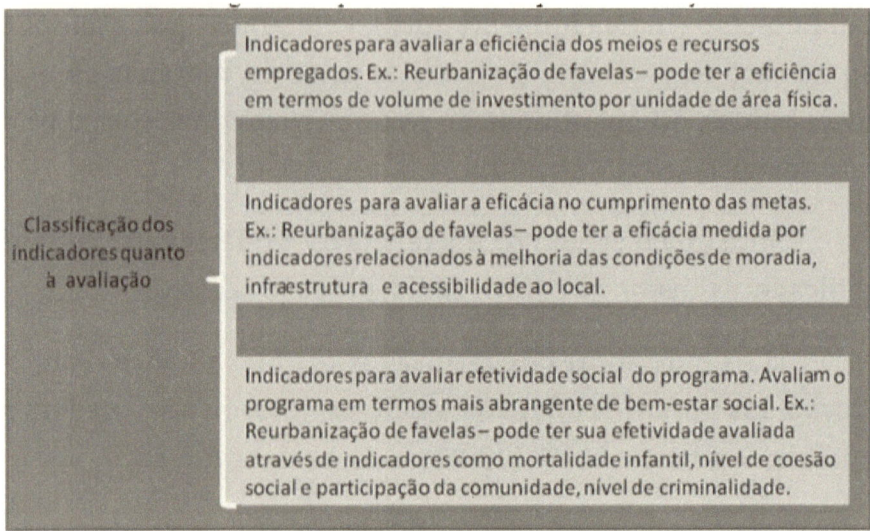

Fonte: *Elaborado pela autora.*

Segundo os níveis de mensuração, os indicadores podem ser classificados em percentuais, nominais, ordinais, intervalar, coeficientes, índices e taxas.

Os dados relativos (percentuais) são o fruto de "comparações por quociente (razão) que se estabelecem entre dados absolutos e têm por finalidade realçar ou facilitar as comparações entre quantidades". (CRESPO, 2002, p. 31).

Exemplo:
Percentual de crianças atendidas
Percentual de matriculados na escola A
Percentual de presos reabilitados

O nível nominal de mensuração consiste em nomear ou rotular, isto é, classificar ou categorizar um fenômeno. Serve para identificar determinada qualidade ou característica. É puramente qualitativo. Atenção: cada caso deve ser enquadrado em uma só opção e só uma categoria.

Exemplo:
Cor do cabelo: loiro, ruivo, negro, castanho
Estado civil: solteiro (nunca casou), casado, divorciado, viúvo
Religião: católica, protestante, judaica, umbanda, espiritismo, candomblé, outra.

O nível ordinal e intervalar procura ordenar seus casos em termos do grau em que possuem determinada característica. Ordena, mas não indica a magnitude de diferenças entre números (qualitativo). Assim, há uma hierarquia ou ordem (maior – menor).

Exemplo:
Condição do cabelo: muito seco, seco, normal, oleoso.
Classe social: alta, média alta, média, média baixa, baixa
Atitude em relação ao professor: muito favorável, favorável, neutra, desfavorável, muito desfavorável

Os coeficientes são razões (÷) entre o número de ocorrências e o número total (número de ocorrências e número de não ocorrências).

Exemplo:
Coeficiente de natalidade = nº de nascimentos ÷ população total
Coeficiente de mortalidade = nº de óbitos ÷ população total
Coeficiente de evasão escolar = nº de alunos evadidos ÷ nº inicial de matrículas

Observe que o numerador é um subconjunto do denominador. É importante ressaltar que nem sempre o resultado de coeficiente é inteligível, principalmente para o público-alvo não acostumado com termos técnicos. Para solucionar esse problema, costuma-se transformar os coeficientes em taxas, multiplicando-os por uma potência de 10 (10, 100, 1.000 etc.).

Exemplo:
Taxa de mortalidade = coeficiente de mortalidade x 1.000
Taxa de natalidade = coeficiente de natalidade x 1.000
Taxa de evasão escolar = coeficiente de evasão escolar x 100

Esses dados podem ser interpretados da seguinte maneira: a cada 1.000 crianças nascidas, "y" morrem antes de completarem um ano.

No caso específico, onde o multiplicador é 100, há uma dupla interpretação. Cabe ao executor do projeto escolher uma das formas de interpretá-lo: 1º) a cada 100 matriculados, "y" evadem, ou seja, não terminam o curso; 2º) "y" por cento dos matriculados não terminam o curso.

Por fim, os índices correspondem a números que indicam a característica pontual, estanque, de um determinado momento. É uma razão entre duas grandezas, tais que uma não inclui a outra (grandezas diferentes).

Exemplo:
Quociente intelectual (QI) = idade mental ÷ idade cronológica
Densidade demográfica = população ÷ superfície
Renda per capita = renda ÷ população
IDH = (índice de renda + índice de saúde + índice de educação) ÷ 3
Índice de educação = (2TA + TM) ÷ 3 sendo TA = % de pessoas com mais de 15 anos alfabetizada
e TM = % de pessoas entre 7 e 24 anos matriculadas

Logo, a seleção de indicadores sociais para avaliação de projetos, programas e políticas sociais está sujeita às suas propriedades e à finalidade a que se destinam.

4. CRITÉRIOS DE CLASSIFICAÇÃO DE INDICADORES SOCIAIS

A classificação mais comum dos indicadores é segundo a área temática da realidade social a que se referem a seguir alguns exemplos de indicadores sociais:

1. Indicadores socioeconômicos

Os indicadores socioeconômicos são medidas em geral quantitativas com significado social. É atualmente a metodologia mais usada para avaliar políticas, programas e projetos sociais, pois fornece um meio simples de explicar a realidade de uma localidade, permitindo comparações (avaliações).

Alguns exemplos:

Renda familiar per capita - razão entre o somatório da renda pessoal de todos os indivíduos e o número total destes indivíduos.

Proporção de pobres (P0) - proporção dos indivíduos com renda familiar per capita inferior a 50% do salário mínimo.

Número médio de anos de estudo - razão entre a soma do número de anos de estudo para a população de 25 anos e mais de idade e o total das pessoas neste segmento etário.

Taxa de analfabetismo - percentual das pessoas com 15 anos e mais de idade incapazes de ler ou escrever um bilhete simples.

Porcentagem de crianças que não freqüentam a escola - percentual de crianças com idade entre 7 e 14 anos que não freqüentam a escola.

Porcentagem de crianças que trabalham - percentual de crianças com idade entre 10 e 14 anos que exerceram alguma atividade econômica nos últimos doze meses.

Porcentagem de crianças com mais de um ano de defasagem escolar - percentual de crianças com idade entre 10 e 14 anos que apresentam atraso escolar superior a um ano.

Porcentagem da população urbana que vive em domicílios com abastecimento adequado de água - considera-se adequado o abastecimento através de rede geral com canalização interna ou através de poço ou nascente com canalização interna.

Porcentagem da população urbana que vive em domicílios com instalações adequadas de esgoto – refere-se aos domicílios com instalações sanitárias não compartilhadas com outro domicílio e com escoamento através de fossa séptica ou rede geral de esgoto.

Esperança de vida ao nascer - número médio de anos que as pessoas viveriam a partir do nascimento.

Taxa de mortalidade infantil (TMI) – probabilidade de uma criança morrer antes de completar o primeiro ano de vida, expresso por mil crianças nascidas vivas.

---

2. Indicadores de condições de vida - ICV

O ICV congrega, além das dimensões longevidade, educação e renda, outros indicadores destinados a avaliar as dimensões infância e habitação.

3. Indicadores de qualidade de vida - IQV

Além dos indicadores de condição de vida, o IQV inclui fatores subjetivos como grau de felicidade, autoestima, cobertura vacinal, leitos hospitalares por 1.000 habitantes, número de domicílios com geladeira etc. Normalmente, este tipo de indicador está expresso em nível nominal e ordinal.

4. Indicadores de Desenvolvimento Humano - IDH

O IDH, criado no início da década de 90 para o PNUD (Programa das Nações Unidas para o Desenvolvimento) combina três componentes básicos do desenvolvimento humano.

IDH: ÍNDICE DE DESENVOLVIMENTO HUMANO

Varia de 0 a 1. Desenvolvido (IDH > 0,8), em desenvolvimento (0,5<IDH<0,8) e subdesenvolvido (IDH<0,5)

É uma média aritmética de:

Um indicador de renda: O PIB per capita (PIB/ população)

Um indicador de saúde: expectativa de vida da pop. ao nascer

Um indicador de educação: Média ponderada de 2 indicadores: Tx. de alfabetização de adutos (2/3) e a tx combinada de matrícula nos ensinos fundamental, médio e superior (1/3).

Atualmente, utiliza-se conjuntamente o IDH, o índice de Gini e a linha da pobreza e/ou miséria para medir o grau de desenvolvimento humano de uma localidade.

5. TRASFORMANDO CONCEITOS EM INDICADORES

Muitas vezes, não há disponível um indicador que representa a verdadeira natureza do projeto que será executado e avaliado. Nesses casos, a única solução é a criação de indicadores adequados para a realidade social em estudo.

A seguir, será mostrado a sequência que permite a transformação dos conceitos em variáveis e das variáveis em indicadores. Observe o processo de construção de um indicador de sustentabilidade (passos básicos).

1. Representação literária do conceito

Tema: Desenvolvimento Sustentável

Desenvolvimento Sustentável é aquele que ocorre quando o crescimento econômico é acompanhado de bem-estar social e preservação da natureza. É o que atende às necessidades das gerações presentes sem comprometer a possibilidade das gerações futuras atenderem às suas próprias necessidades. Segundo o Relatório de Brundtland:

> Para que o desenvolvimento seja sustentável devem-se considerar aspectos referentes às dimensões social e ecológica, bem como fatores econômicos, dos recursos vivos e não-vivos e as vantagens de curto e de longo prazos de ações alternativas. O foco do conceito é a integridade (...) a ênfase desloca-se para o elemento humano, gerando um equilíbrio entre as dimensões econômica, ambiental e social. (BELLEN, 2007, p. 23)

2. Especificação do conceito

Nesta fase, deve-se dividir o conceito nas dimensões que o integram. Neste caso, teremos: dimensão econômica, dimensão social e dimensão ambiental.

3. Escolha das variáveis

Esta escolha deverá permitir a medição de cada uma das dimensões (utilizar uma quantidade elevada de indicadores). Deve-se listar apenas os indicadores que serão utilizados ao longo do processo de implementação, monitoramento e avaliação do projeto social. Assim, teremos:

- Variáveis econômicas - pobreza, renda, emprego etc.
- Variáveis Sociais - educação, saúde, violência, habitação etc.
- Variáveis ambientais - reciclagem, pré-ciclagem, desmatamento, depleção etc.

4. Formação de índices, coeficientes e taxas

Estas medidas são utilizadas para sintetizar os dados resultantes das etapas anteriores. Deve-se decidir que dados das dimensões parciais entrarão no índice geral, além de atribuir valores numéricos, ponderação, combinações.

- Variável pobreza - indicador "linha de pobreza" (quantos % da população ganham ¼ de salário *per capita*?)
- Variável renda - indicador índice de renda = renda *per capita* = PIB ÷ população
- Variável emprego - indicador taxa de desemprego = desempregados ÷ PEA (população economicamente ativa)

Taxa de sustentabilidade =

nº de equipamentos urbanos do bairro ÷ população total do bairro x 1.000

Pode-se também criar um indicador base (geral) para o projeto proposto. Neste exemplo, teríamos:

Veja que, com o indicador, é possível comparar a situação antes do projeto e depois do projeto (calcular antes e depois e comparar).

Quadro 13- Processo de agregação de valor informacional no indicador

Fonte: Jannuzzi (2001, p.16)

A equipe de avaliadores ao lado de gestores e especialistas deve definir de forma consensual as unidades de medida (indicadores) de resultado do projeto. Dada as diferentes leituras da realidade social, há, muitas vezes, dificuldade na elaboração dos mesmos. As perguntas orientadoras da avaliação compõem uma boa base para minimização de problemas. (MARINO,

2003).

Muitas vezes, o conceito escolhido (variável dependente) não permite que transformemos as variáveis em indicadores na forma de coeficientes, taxas e índices. Nestes casos, a solução apresentada é criar um indicador a nível nominal ou ordinal. A seguir, um exemplo da construção de indicadores:

EXEMPLO: Avaliação do programa de promoção social nutricional (PPSN).

Critérios para seleção da População-alvo - crianças:
1. Em idade escolar que freqüenta a escola pública
2. Que pertence a uma família em situação de pobreza extrema (abaixo da linha de miséria - renda familiar per capita de ¼ de salário mínimo).

Na construção do indicador teremos:
Objetivo nutricional: melhorar nutrição das crianças.
Objetivo educacional: relação existente entre estado nutricional e rendimento acadêmico. O Pressuposto é que diminuir desnutrição aumentará desempenho escolar, além de diminuir taxas de absenteísmo e repetência.
Objetivo promocional: A hipótese é que refeitórios escolares estimulam participação comunitária, além da eficiência no funcionamento dos refeitórios com projetos.

Critérios para a comparação (Avaliação):
Linha de base: informação de "antes" constitui um corte no tempo que permite verificar valores das variáveis e indicadores que vão ser utilizados para comparação que foram verificadas antes da implementação do projeto (avaliação *ex ante*).
Linha final: informação obtida um ano mais tarde.(avaliação *ex post*)

Para a desagregação e detalhamento em indicadores foi escolhido o **objetivo promocional:** a hipótese assumida é que participação dos pais contribui para utilização mais eficiente dos insumos e gera economia de gastos com pessoal. Há ainda a possibilidade de retroalimentação, já que alocação de recursos no refeitório pode ser melhorada com participação comunitária.

Objetivo promocional OP: promover desenvolvimento comunitário, em virtude da existência de refeitório escolar.

OEP1: aumentar participação dos membros das cooperativas dos pais.

OEP2: estimular participação dos pais na programação e execução das atividades do refeitório para aumentar sua eficiência.

O objetivo específico OEP1 pode ser desmembrado em duas metas ainda sem a quantificação:

Meta 01: estimular desenvolvimento de atividades da cooperativa para aumentar doações de alimentos.

Meta 2: estabelecer contatos com organizações locais e regionais vinculadas com meta 1.

De posse das metas (ainda não quantificada), devemos estimar indicadores que permitem medir o grau de alcance destas metas. Ao analisar o ocorrido na comunidade, nos âmbitos aos quais as metas se referem, selecionamos indicadores. Para a meta 1 do OEP1: estimular desenvolvimento de atividades da cooperativa para aumentar doações de alimentos teremos dois indicadores (ainda não quantificados):

Indicador 1: quantidade de atividades realizadas com objetivo de conseguir donativos de alimentos.

Indicador 2: quantidade de doações conseguidas.

Fluxograma da construção do indicador – sem quantificação.

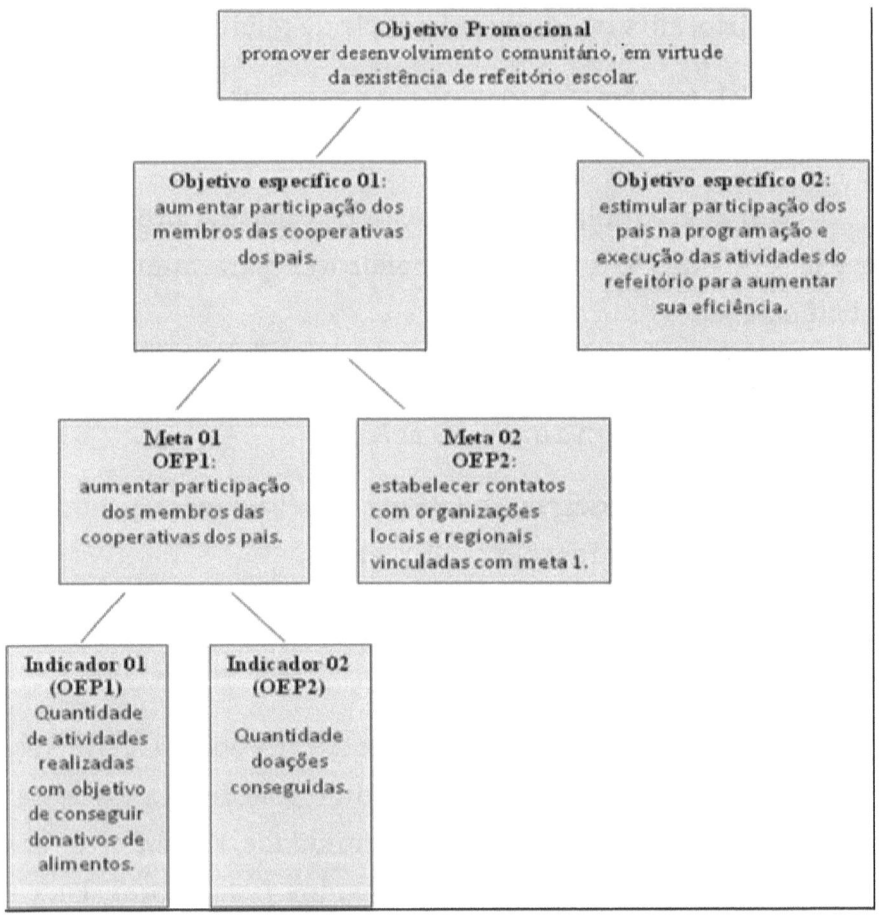

É preciso então determinar as escalas (quantificação) que darão significado aos indicadores. É então determinada faixa de variação da informação entre máximo e mínimo. Há duas alternativas:

1. avaliação de um projeto no contexto do programa do qual faz parte;

2. avaliação de projeto isolado.

Na avaliação de um projeto no contexto do programa a análise é feita com base no conjuntura do programa do qual faz parte. Compara-se a comunidade e o refeitório com outras unidades de análise similares. Avaliação de projeto isolado poderia ser feita em um local específico com única unidade de análise. Por exemplo, avaliação em uma comunidade com único refeitório. Teremos a seguir a quantificação dos indicadores em escala ordinal:

Meta 1: obter doações de alimentos para refeitório.

Indicador ordinal 1: quantidade de atividades realizadas para conseguir doações de alimentos:

Escala	Valor	Atividades
Alto	4	12 ou mais atividades
Acima da média	3	9 a 11 atividades
Média	2	5 a 8 atividades
Inferior à média	1	1 a 4 atividades
Não houve atividades	0	0 atividades

Fonte: Cohen e Franco (1993, p. 159)

O indicador 1 pode variar de 0 a 4. Neste caso, a unidade obteve nota 3. Esta nota será comparada ao valor de tendência central que pode ser a média ou a mediana. Assim, escolheu-se trabalhar com a mediana (o valor central dos dados dispostos em rol - 0 1 2 3 4). Veja que o projeto tirou uma nota acima da mediana.

O alcance da meta medido pelo indicador 1 foi:

$(3 \div 4) \times 100 = 0,75 \times 100 = 75\%$

Observe para a meta 01 a unidade foi ineficaz. Deixou de realizar cerca 25% de sua meta.

Bom, chegamos ao final deste capítulo! Vimos o que é um indicador e qual a sua importância para a avaliação *ex ante* e *ex post* de projetos, programas e políticas sociais. No próximo capítulo você verá que a função do avaliador é o de criar as condições e os meios para que as informações indispensáveis sejam levantadas. Para tanto, existem técnicas estatísticas para a consecução deste objetivo.

SÍNTESE

Uma instância central do processo de avaliação consiste em determinar o grau em que foram alcançadas as finalidades do projeto. Isso requer dimensionar o objetivo geral em subconjuntos de objetivos específicos, os quais, por sua vez, terão "metas", cuja obtenção será medida através de indicadores. As variações nos valores que são verificados nas unidades de análise permitem quantificar esse processo. Na avaliação, o indicador é a unidade que permite medir o alcance de um objetivo específico.

QUESTÃO PARA REFLEXÃO

1. Crie um indicador: nominal, ordinal, coeficiente, taxa e índice para o tema VIOLÊNCIA. Siga os 4 passos básicos.

SITES INDICADOS

Ministério do Desenvolvimento Social e Combate à Fome - MDS (www.mds.gov.br)

Ministério da Cultura - MINC. (www.cultura.gov.br)

Ministério da Saúde (www.saude.gov.br)

Ministério das Cidades (www.cidades.gov.br)

Ministério da Educação (www.mec.gov.br)

Ministério do Trabalho e Emprego - TEM (www.mte.gov.br)

REFERÊNCIAS

BELLEM, Hans Michael Van. **Indicadores de sustentabilidade:** uma análise comparativa. Rio de Janeiro: Editora FGV, 2007.

CRESPO, Antonio Arnot. **Estatística fácil.** 17. ed. São Paulo: Saraiva, 2002.

ESCOLA NACIONAL DE ADMINISTRAÇÃO PÚBLICA – ENAP. **Glossário:** acompanhamento, monitoramento e avaliação dos programas e projetos sociais do Fundo nacional de Desenvolvimento da Educação. Brasília, 2007. Disponível em:< http://www.enap.gov.br/> Acesso em: 10 set. 2011.

JANNUZZI, Paulo de Martino. **Indicadores sociais na for-**

mulação e avaliação de políticas públicas. Revista Brasileira de Administração Pública, Rio de Janeiro, v.36 (1), p. 51-72, jan./ fev. 2002

KERBAUY, Maria Teresa Miceli. **Indicadores Sociais.** São Paulo: FCL -UNESP-CAR, [s.d]. Disponível em: http:// governancaegestao.files.wordpress.com/ Acesso em: 05 mai. 2011.

LEVIN, J.; FOX, J. A. **Estatística para ciências humanas.** – 9. ed. São Paulo: Editora Pearson, 2004.

MARCELINO, N. C.; ZINGONI P.; PINTO, L. M. S de M. (Orgs.) **Como fazer projetos de lazer:** Elaboração, execução e avaliação. Campinas, SP: Papirus, 2007. (Coleção fazer/lazer)

MARINO, Eduardo. **Manual de Avaliação de Projetos Sociais.** 2. ed. São Paulo: Saraiva: Instituto Ayrton Sena, 2003.

PEREIRINHA, José António C. **A política social e a importância dos indicadores sociais.** Lisboa: ISEG/UTL, 2003. Disponível em: <https://aquila.iseg.utl.pt/aquila/instituicao/ISEG>. Acesso em: 09 out. 2010.

SANDRONI, Paulo. **Novíssimo dicionário de economia:** a mais completa obra sobre o assunto já publicada no Brasil. São Paulo: Editora Best Seller, 2002.

SANTOS Luiz Alberto dos; CARDOSO, Regina Luna dos Santos. **Avaliação de desempenho da ação governamental no Brasil:** problemas e perspectivas. XV Concurso de Ensayos del CLAD "Control y Evaluación del Desempeño Gubernamental". Caracas, 2001.

SISTEMA FIRJAN. **Manual de indicadores ambientais.** Rio de Janeiro: DIM/GTM, 2008.

METODOLOGIA DA AVALIAÇÃO SOCIAL: O MODELO AMOSTRAL

"Assim como sonhos, estatísticas são
uma forma de alcançar um desejo."
J. Baudrillard

No capítulo anterior, vimos o que é um indicador e qual a sua importância para a avaliação *ex ante* e *ex post* de projetos, programas e políticas sociais. No final da leitura deste capítulo, você deverá ser capaz de entender que, no período da coleta de dados (informações), a função do avaliador é o de criar as condições e os meios para que as informações indispensáveis sejam levantadas. Para tanto, existem técnicas estatísticas para a consecução deste objetivo. Assim, é preciso definir bem a população-alvo (universo do projeto), bem como, caso a população seja muito grande, calcular uma amostra representativa da sua realidade social.

O processo de avaliação e de tomada de decisão caracteriza-se por um alto conteúdo de racionalidade, cujo objetivo é proporcionar respostas, escolher a ação preferida e visualizar as prováveis consequências de cada alternativa escolhida através de uma metodologia. Assim, na sua consecução, é necessário o uso cuidadoso de métodos, processos e técnicas.

A metodologia pode ser definida como o estudo e a avaliação de diferentes métodos da pesquisa científica. Para escolher a melhor maneira de investigar uma realidade social, devemos escolher o método mais adequado.

O método deriva de uma metodologia e pode ser definido como um conjunto de processos operacionais que permitem conhecer a realidade, produzir um efeito, desenvolver procedimentos e analisar certos comportamentos. Através do método corretamente escolhido para determinada situação, tem-se acesso à solução de eventuais problemas, para que as etapas necessárias de um projeto sejam alcançadas. (DIEHL; TATIM, 2004).

Cohen e Franco (2011, p.137) afirmam que, para realizar a avaliação de um projeto, programa ou uma política, deve ser definido "o universo de estudo, as unidades de análise, o contexto e as formas de recolher a informação, os instrumentos de coleta de dados, as formas e passos do processamento e as técnicas a serem utilizadas". Nesta aula, serão analisados o universo do projeto e o seu modelo amostral.

1. O UNIVERSO DO PROJETO E AS UNIDADES DE ANÁLISE

O universo do projeto é denominado de população[19] que possua o mesmo atributo[20] para serem receptores do projeto.

Figura 15: O universo do projeto

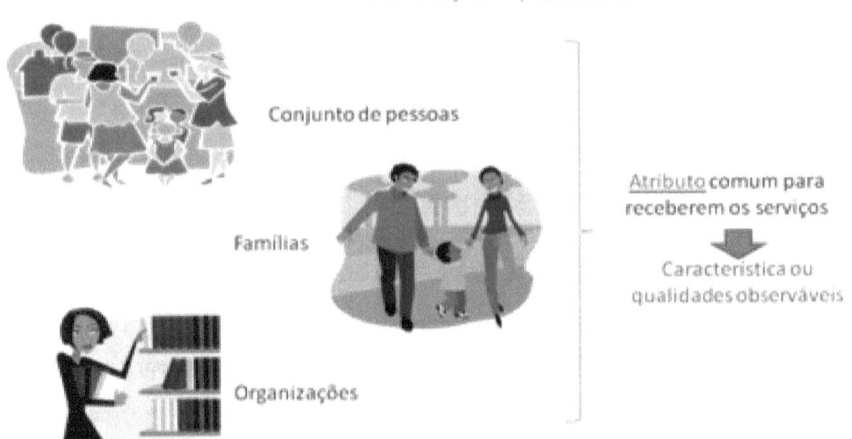

Fonte: Elaborado pela autora.

Temos como exemplos de atributos de uma população o peso, a renda, escolaridade, etc. A população pode ser pequena (finita) ou muito grande (considerada infinita), visto que não pode ser feito um censo[21] da mesma. No caso da população ser muito grande (infinita[22]), ou que não é possível ser examinada em seu conjunto, se obtém uma amostra[23] da mesma.

Assim, podemos afirmar que população ou universo estatístico é um conjunto de entes portadores de, pelo menos, uma característica comum. Na maioria das vezes, encontramos limitações de ordem econômica ou temporal para pesquisar a população inteira, Nestes casos, as observações deverão ser feitas apenas com uma parte da população denominada de amostra. Logo, uma amostra é um subconjunto finito de uma população. (CRESPO, 2002).

Exemplo: Estudar a violência entre os jovens no bairro B:
População: jovens do bairro B
Amostra: % de jovens do bairro B

É importante ressaltar que os dados são coletados para descrever cada unidade de análise (pessoas, domicílios, bairros, municípios, estados, países, empresas, universidades etc.) que está sendo analisada. Além da descrição, podem-se realizar análises explicativas.

Para que as inferências (resultados) sejam corretas, a amostra deverá ser representativa da população estudada. Logo, é preciso que sejam obtidas e processadas por processos adequados. (CRESPO, 2002).

2. O MODELO AMOSTRAL

Geralmente em projetos, programas e políticas sociais nos deparamos com uma população muito grande, impossibilitando assim, o censo (por falta de recursos).

Assim, tanto na avaliação *ex ante* quanto na avaliação *ex post* utiliza-se em larga escala uma amostra da população. Assim, o estudo por amostragem deve ser realizado quando:

- O tempo para análise e o custo são menores.
- For mais fácil e gerar resultados satisfatórios.
- Quando a população for infinita.

O mesmo estudo não deve ser realizado quando:

- População for pequena (até 50 elementos).
- Quando já se dispõe dos dados da população.
- Quando se exige o resultado exato.

É importante ressaltar que, para realizar um estudo por amostragem, a amostra deve ser representativa[24] da população estudada, pois examinamos um subconjunto do universo (amostra) e fazemos inferências para a população total (método indutivo[25]). Veja a Figura 16:

Figura 16: Amostra representativa

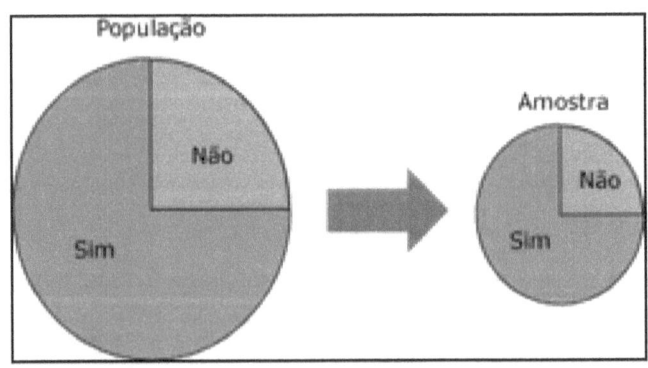

Fonte: autora.

Assim, a amostra deve:

- permitir testar as hipóteses: estimar relações entre variáveis para verificar eficiência ou impacto do projeto.
- possibilitar que resultados da amostra sejam extrapolados para universo.

- ser heterogênea, apresentando alta dispersão nas variáveis dependentes e independentes, ou seja, vários tipos de indivíduos devem ser selecionados para a amostra. Exemplo: alto - baixo, bonito -feio, gordo-magro, jovem-idoso etc.
- ser, se possível, aleatória[26] para que seja possível determinar o grau de incerteza (margem de erro) das inferências obtidas.

A seleção da amostra requer uma ordem sequencial que é conveniente recordar:

1. Marco amostral: uma vez definido universo, deve ser elaborada lista com todas as unidades da população.
2. Unidades elementares da amostragem (elementos): determinar pessoas ou grupos que possuem variáveis que definiram a população.
3. Unidades de amostragem: escolher as unidades que servem de base para tomar amostra (setores censitários, domicílios, pessoas etc.).
4. Seleção de amostras: (a) amostra não probabilística não possibilita a generalização dos resultados; e (b) amostra probabilística permite generalizar resultados e estimar grau de incerteza, já que há cálculo da probabilidade das unidades a serem selecionadas.

Calcular o tamanho da amostra é um problema importante que deve ser resolvido. Nesta etapa, também se deve definir qual a margem de erro amostral[27] que o gestor/avaliador está disposto a aceitar ou que as restrições orçamentárias obrigam a aceitar (via de regra não utilizar em pesquisa social um erro amostral superior a 15%). Cabe ao formulador e/ou avaliador do projeto escolher a margem de erro que irá trabalhar.

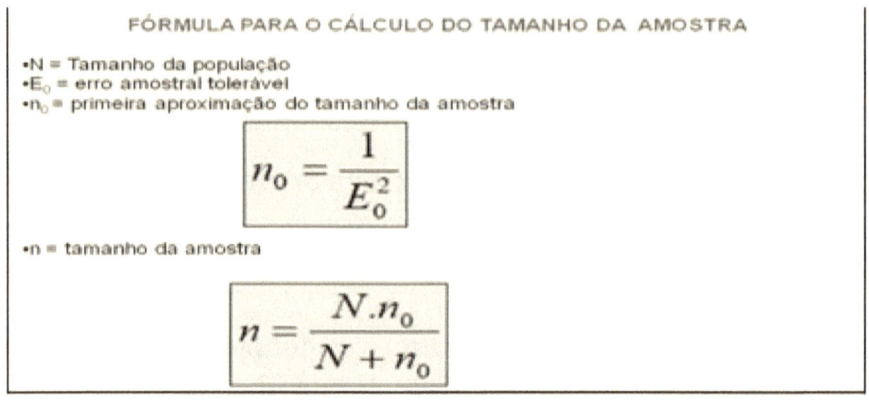

Fonte: Barbetta (2011, p. 55)

Exemplo para o cálculo do tamanho de uma amostra.

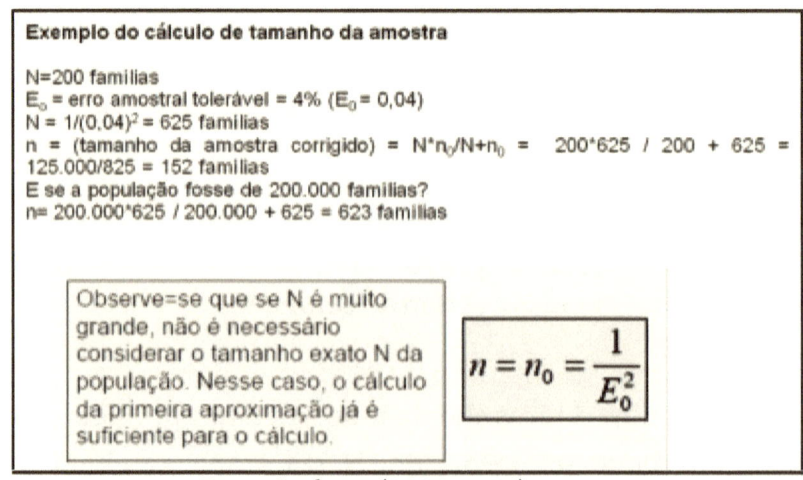

Fonte: Barbetta (2001, p. 56).

Outro exemplo de cálculo:

Usando os dados da figura 17, retirada do site da SEPLAN (Secretaria Municipal do Planejamento, Urbanismo e Meio Ambiente – Salvador/BA), calcule o tamanho da amostra necessária para aplicação de questionários com a população da referida região, considerando uma margem de erro de 5%.

Figura 17: Regiões administrativas de Salvador, Bahia, Brasil

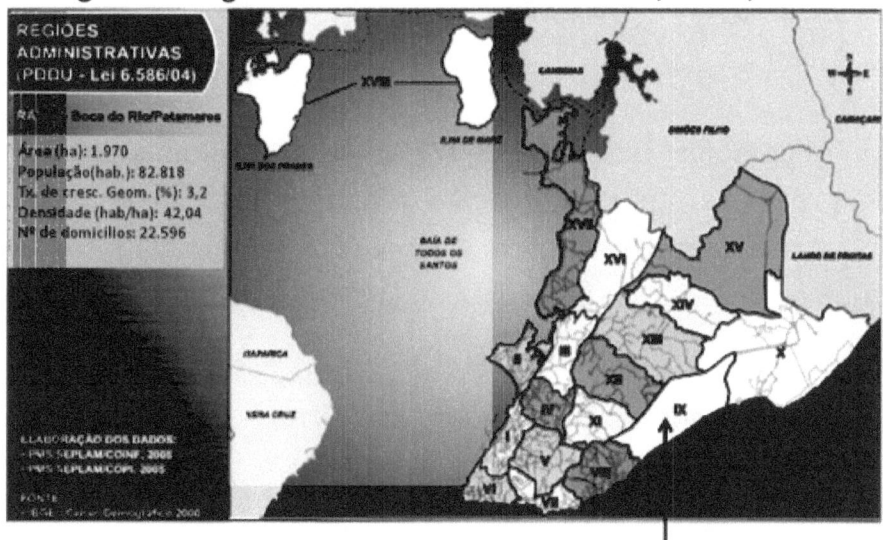

Boca do Rio

Fonte: SEPLAN (2010).

A análise poderá ser feita tomando como base a população ou a quantidade de casas do local.

A - Tomando como base a população local:

N= população = 82.818 habitantes

E = margem de erro = 5% = 5 ÷ 100 = 0,05

n_0 = amostra aproximada= $1 \div E^2 = 1 \div 0,05^2 = 1 \div 0,0025$ = 400

Assim, teremos:

n = amostra final

$n = (N \times n_o) \div (N + n_o)$

$n = (82.818 \times 400) \div (82.818 + 400)$

$n = 33.127.200 \div 83.218$

$n = 398,0773$

Como não existem 398,0773 pessoas arredondamos para 398 pessoas, ou seja, deverão serem aplicados 398 questionários na região referida. Observe que, em uma população (universo) de 82.818 pessoas utilizando uma margem de erro de 5% serão entrevistadas 398

Mas, o que significa esta margem de erro?

Bom, vamos supor que você aplique os 398 questionários (amostra) e verifique que a rendimento médio dos chefes de família é de R\$ 550,00. Você extrapolará este resultado para a população (universo) ao afirmar que na localidade (82.818 pessoas) possuem uma renda média de R\$ 550,00.

Sim, e a margem de erro?

522,5 ← - 5% — 550,00 — + 5% → 577,5

Com as margens de erro, constroem-se o intervalo de confiança: [522,5 e 577,5]. Assim, o rendimento médio é de 550,00, mas poderá haver uma variação de até 5% para menos (522,5) ou de até 5% para mais (577,5).

b) Tomando como base o número de domicílios

N= população = 22.596 domicílios

E = margem de erro = 5% = 5 ÷ 100 = 0,05

n_0 = amostra aproximada = $1 \div E^2 = 1 \div 0,05^2 = 1 \div 0,0025$ = 400

Assim, teremos:

n = amostra final

$n = (N \times n_0) \div (N + n_0)$

$n = (22.596 \times 400) \div (22.596 + 400)$

$n = 9.038.400 \div 22.996$

$n = 393,042268$

Como não existem 393,042268 domicílios arredondamos para 393 domicílio, ou seja, deverão ser aplicados 393 questionários nos domicílios da região referida.

Qual a técnica de coleta de dados é a mais adequada para este caso, ou seja, qual técnica será mais representativa? Por quê? No próximo capítulo abordaremos este assunto.

SÍNTESE

O universo do projeto é denominado de população. Para que as inferências (resultados) sejam corretas, a amostra deverá ser representativa da população estudada. Logo, é preciso que sejam obtidas e processadas por processos adequados. Calcular o tamanho da amostra é um problema importante que deve ser resolvido. Não utilizar em pesquisa social um erro amostral superior a 15%. Cabe ao formulador e/ou avaliador do projeto escolher a margem de erro que irá trabalhar. Uma maneira simples para o cálculo da amostra é a utilização da fórmula de Barbetta (2001) sendo $n = (N \times n_0) \div (N + n_0)$.

QUESTÕES PARA REFLEXÃO

1. Para que levantar informações?

2. O que vem a ser um universo de análise? E a população do projeto?

3. que é importante para o interventor social saber calcular uma amostra?

SITES INDICADOS

IBGE - Instituto Brasileiro de Geografia e Estatística: www.ibge.gov.br

SEI - Superintendência de Estudos Econômicos e Sociais da Bahia: http://www.sei.ba.gov.br/

REFERÊNCIAS

BARBETTA, Pedro Alberto. **Estatística aplicada às ciências sociais**. 7.ed. Santa Catarina: UFSC, 2001.

CRESPO, Antonio Arnot. **Estatística fácil**. 17 ed. São Paulo: Saraiva, 2002.

LEVIN, J.; FOX, J. A. **Estatística para ciências humanas**. 9. ed. São Paulo: Editora Pearson, 2004.

METODOLOGIA DA AVALIAÇÃO SOCIAL: LEVANTAMENTO DE INFORMAÇÕES

Dados! Dados! Dados! Eu não posso
fazer tijolos sem argila!
Sherlock Holmes

No capítulo anterior foram expostos conceitos como: universo do projeto, população e amostra. Foi visto a importância para o gestor/avaliador de projetos, programas e políticas sociais do cálculo de uma parte da população quando a população é muito grande. Neste capítulo, veremos que apenas o cálculo da amostra não garante que a mesma será representativa. Assim, a forma de coletar os dados é de crucial importância para a validação de uma pesquisa.

Segundo Marino (2003) o elemento básico para a tomada de decisão é a qualidade da informação. Assim, no momento da coleta dos dados, o avaliador deverá criar condições e os meios para que as informações necessárias sejam levantadas de forma a propiciar uma adequada avaliação da ação social. As inferências para serem corretas precisam ser representativas da população, ou seja, devem possuir as mesmas características da população. Isto só será possível se forem escolhidos os processos adequados. (CRESPO, 2002). Assim, neste capítulo falaremos sobre vários métodos utilizados para a seleção da amostra e dos dados para uma avaliação do tipo *ex ante* ou *ex post*.

1. TÉCNICAS PARA COLETA DOS DADOS PRIMÁRIOS

Os dados primários são aqueles dados coletados na fonte através de entrevistas, questionários ou observação. Existem basicamente dois tipos de técnicas para coletar os dados disponíveis: as técnicas probabilísticas e as técnicas não-probabilísticas. O método escolhido dependerá de vários fatores como disponibilidade de dados e do foco do estudo.

As técnicas probabilísticas garantem a possibilidade de realizar afirmações sobre a população com base nas amostras. Normalmente, todos os elementos da população possuem a mesma probabilidade (chance) de serem selecionados garantindo o acaso das escolhas (TAVARES, 2007).

SÃO TÉCNICAS PROBABILÍSTICAS:

I) Amostragem Aleatória Simples

Esta técnica é o processo mais elementar e freqüentemente utilizado de coleta de dados. É equivalente a um sorteio lotérico e é realizado numerando os elementos da população de "1 a n" e sorteando, por meio de um dispositivo aleatório qualquer (sorteio de papéis, tabela dos números aleatórios, gerador de números aleatórios da calculadora ou do Excel etc.),

X números dessa seqüência, que corresponderão aos elementos pertencentes à amostra.

Amostra aleatória simples poderá ser:

a) Sem reposição - é a mais utilizada. Cada elemento só pode entrar uma vez para a amostra.

b) Com reposição - os elementos da população podem entrar mais de uma vez para o sorteio da amostra.

Exemplo:

Obter uma amostra aleatória simples para a pesquisa da estatura de 60 alunos de uma determinada escola.

1º Numerar os alunos de 1 a 60;
2º Escrever os números de 1 a 60 em pedaços de papel e colocá-los em uma urna;
3º Retirar 20 pedaços de papel da urna, um a um, formando a amostra da população.

II) Amostragem Estratificada

a) Estratificada Proporcional

Quando a população possui características que permitem a criação de subconjuntos razoavelmente homogêneos (sub-populações – estratos), as amostras extraídas por amostragem simples são menos representativas. (POCINHO, 2009)

Nesse caso, é utilizada a amostragem estratificada (grupos mutuamente exclusivos), ou seja, divide-se a população em subconjuntos. Convém que o sorteio dos elementos leve em consideração tais divisões, para que todas os elementos façam parte de algum estrato, ou seja, os elementos da amostra sejam proporcionais ao número de elementos desses subconjuntos.

(REZENDE; FREITAS, [s.d.]) Observe a Figura 18:

Figura 18: Amostra estratificada

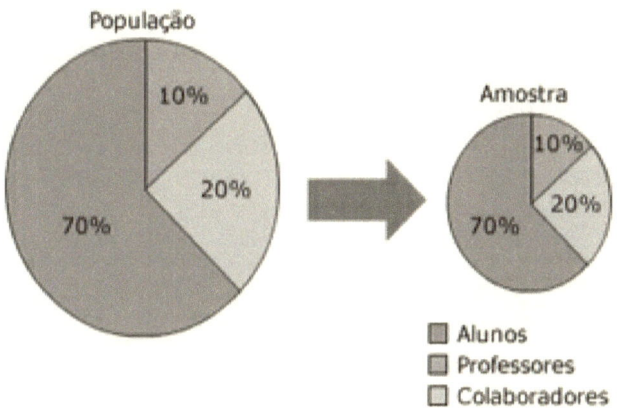

A seleção em cada estrato deve ser aleatória (sorteio). Ao formar os estratos, deve-se atentar para que todos os elementos da população estejam enquadrados nos mesmos e, que nenhum indivíduo possa ser colocado em dois estratos diferentes relativos ao mesmo atributo.

Além disso, cada indivíduo só poderá fazer parte de um estrato. Neste caso, deve-se tomar muito cuidado na hora de estabelecer as características de cada estrato (categorização). Os estratos devem ser o mais homogêneo possível, sendo ao mesmo tempo heterogêneo uns em relação aos outros.

Segundo Rea e Parker (2000, p. 148) "a principal finalidade deste processo de seleção de amostras é garantir que cada estrato seja representado por uma amostra de tamanho adequado". No caso específico do Curso de Serviço Social existem poucos estudantes do sexo masculino, assim, caso fosse utilizada uma amostra aleatória simples os rapazes poderiam não ser representados, pois correm o risco de não serem sorteados.

Logo, seria ideal utilizar a amostragem estratificada, pois assim, eles estariam representados proporcionalmente. Suponha que, então, que a população de alunos do sexo masculino fosse de 2%. Logo,

98% de estudantes do sexo feminino = 98% questionários aplicados com as moças
2% de estudantes do sexo masculino = 2% dos questionários aplicados com os rapazes

Mas, atenção os sorteios serão feitos separadamente.

Observe que, neste caso o elemento de categorização foi o "sexo" logo, existirão dois estratos: sexo feminino e sexo masculino.

b) Estratificada Uniforme

Nesse tipo de amostragem, seleciona-se a mesma quantidade de elementos em cada estrato.

Por exemplo, para selecionar uma amostra estratificada uniforme de 20 estudantes em uma determinada escola, deve-se selecionar 5 estudantes de cada categoria (série). Neste caso específico, teríamos quatro categorias: 5ª, 6ª, 7ª e 8ª série. Assim, 5 estudantes de cada série serão sorteados independentemente do sexo.

Esta amostragem costuma ser usada em situações em que o maior interesse é obter estimativas separadas para cada estrato, ou ainda, quando se deseja comparar os diversos estratos.

III) Amostragem Sistemática

Esta técnica de amostragem é aplicada em populações que possuem os elementos ordenados, em que não há a necessidade de construir um sistema de referência.

Nesta técnica, a seleção dos elementos que comporão a amostra pode ser feita por um sistema criado pelo pesquisador. (Ex.: prontuários médicos, linha de produção, casas, etc.). Esta técnica é muito utilizada por pesquisadores/avaliadores sociais dentro das comunidades.

Apesar de a técnica ser de fácil execução, é importante ter cuidado na sua aplicação, pois, há a possibilidade de haver ciclos de variação, que tornariam a amostra não-representativa da população.

Exemplo: Obter uma amostra de 80 casas em uma rua que contém 2000 casas. Nesta técnica de amostragem, podemos realizar o seguinte procedimento:

- 1º) Dividir a população pela amostra: $2000 \div 80 = 25$
- 2º) Sorteamos um número aleatório qualquer (amostra aleatória simples) entre 1 e 25. O número 25 foi encontrado através do primeiro passo.
- 3º) O número encontrado será a primeira casa pesquisada. Vamos supor que foi o número 5, logo, o primeiro questionário será aplicado na 5ª casa.
- 4º) Consideramos os demais elementos periodicamente, de 25 em 25. Se o número sorteado entre 1 e 25 for o número 5, a amostra será 5ª, 30ª, 55ª, etc. casa. Supondo que tenha sido o 8, a amostra será for-

mada pelas casas: 8ª, 33ª, 58ª, 83ª, 108ª, etc.

Outro exemplo:

Exemplo

Suponhamos uma rua contendo 900 prédios, dos quais desejamos obter uma amostra de 50 prédios:

900/50 = 18

Escolhemos por sorteio um número entre 1 e 18, indicando o 1º elemento, os demais seriam considerados de 18 em 18.

Caso o 1º = 4, tomaríamos o lado direito da rua o 4º prédio, o 22º, o 40º, até voltarmos ao início da rua, pelo lado esquerdo.

O sorteio aleatório ocorre apenas para determinar a primeira casa que será abordada. Caso não consiga encontrar alguém em alguma casa, entre na casa ao lado, mas continue contando como se a casa que estiver fechada fosse a entrevistada. Observe que esta técnica difere da aleatória simples porque a seleção da amostra é feita por um processo periódico pré-ordenado.

IV) Amostragem por conglomerados ou grupos

É uma amostra aleatória de agrupamentos formados de indivíduos (conglomerados) cadastrados da população. Exemplos: escolas, igrejas, clubes, empresas, favelas, bairros etc. A única exigência é que o elemento só poderá pertencer a um conglomerado. Assim, a unidade de amostragem não é mais o indivíduo, mas um conjunto facilmente localizado e identificado. Tem vantagens logísticas na sua aplicação, pois muitas vezes, é rápida, barata e eficiente. (MARCONI; LAKATOS, 1996).

> **Exemplo:**
>
> Num estudo sobre a violência em uma população de estudantes de uma determinada escola, podemos sortear as salas (aleatória simples) que serão selecionadas para a aplicação de questionários. Assim, todos os alunos das turmas sorteadas serão analisados.

Segundo Marconi e Lakatos (1996, p. 41-42) os procedimentos para a aplicação desta técnica de coleta de dados são:

- os conglomerados são sorteados de forma aleatória e todos os componentes dos conjuntos escolhidos são pesquisados;
- os conglomerados são subdivididos em outros conjuntos e o sorteio aleatório se faz entre os subgrupos, sendo pesquisados todos seus elementos;
- alguns conglomerados são escolhidos aleatoriamente e, em cada um, os indivíduos a serem pesquisados são sorteados de forma aleatória simples - amostragem em dois estágios (combinação de conglomerados com aleatória simples);
- os conglomerados são subdivididos em subgrupos e a seleção se faz em três estágios: alguns, são sorteados aleatoriamente e, em cada aglomerado escolhido, são sorteados, também de forma aleatória, alguns subgrupos; finalmente, nos subgrupos selecionados são escolhidos de forma aleatória as pessoas a serem pesquisadas.

V) Amostra por estágios múltiplos

São amostras obtidas por métodos combinados. A combinação pode ocorrer em duas, três, quatro ou mais etapas.

Exemplo

Numa pesquisa sobre violência entre os estudantes de ensino médio foram sorteadas as escolas participantes, depois as turmas (amostra por conglomerados). De cada turma, foram sorteados 65% estudantes do sexo masculino e 35% estudantes do sexo feminino (amostra aleatória estratificada)

Veja que nas técnicas probabilísticas os elementos são escolhidos através de sorteios. Já nas técnicas não-probabilísticas (não-aleatórias) há uma escolha deliberada dos elementos da população. É uma amostra composta de indivíduos que atendem os critérios de entrada e que são de fácil acesso do investigador. Neste caso, deve-se ter muito cuidado nas generalizações para o restante da população, pois algumas técnicas não garantem a representatividade da amostra.

DENTRE AS PRINCIPAIS TÉCNICAS NÃO-PROBABILÍSTICAS PODEMOS DESTACAR:

I) Amostragem Intencional ou por conveniência

De acordo com determinado critério crítico, é selecionado intencionalmente um grupo de elementos que comporão a amostra. O pesquisador se dirige intencionalmente aos elementos dos quais almeja saber a opinião.

Fox (1969) *apud* Pereira (2002, p. 88) afirma que a amostragem intencional ou proposital pode ser definida como um processo "pelo qual o investigador de forma direta e deliberadamente seleciona elementos específicos da população para integrarem a amostra".

Marconi e Lakatos (1996, p. 47) afirmam que, "uma vez aceitas as limitações da técnica, a principal das quais é a impossibilidade de generalizações dos resultados para a população, ela tem sua validade, dentro de um contexto específico".

Exemplo (extraído de Marconi e Lakatos – 1996):
Como agem os líderes de determinada comunidade?

O pesquisador não se dirige a massa (elementos representativos), mas àqueles que, segundo ao seu entender, pela função desempenhada, prestígio, exerce as funções de líderes.

Neste caso específico, seria melhor perguntar às pessoas que moram no bairro, pois os próprios líderes podem ter uma visão distorcida da realidade. Mas, em alguns casos devido à impossibilidade de coletar os dados com a população do local, utiliza-se esta técnica. Segundo Cooper e Schindler (2003, p. 172) "amostras por conveniência são a forma mais simples e menos confiável de amostragem não-probabilística. Sua principal virtude é o baixo custo".

Sempre que possível é recomendável não utilizar a amostra intencional, lembre-se que uma amostra intencional é uma amostragem por julgamento, assim, jamais poderá ser generalizada para a população.

II) Amostragem Acidental

Neste tipo de técnica os sujeitos são escolhidos acidentalmente. O pesquisador precisa de certo número de indivíduos para compor a amostra e vai convocando-os conforme vão aparecendo, até compor totalmente a amostra. Trata-se da formação de amostras por aqueles elementos que vão aparecendo.

Este método é utilizado, geralmente, em pesquisas de opinião, em que os entrevistados são acidentalmente escolhidos. Exemplo: Pesquisas de opinião em praças públicas, ruas movimentadas das cidades, etc.

> Exemplo:
>
> Estudar a condição socioeconômica de pacientes acometidos com a tuberculose.
>
> Neste caso, serão entrevistados os primeiros 100 pacientes que forem diagnosticados em uma determinada clínica.

Esta técnica tem vantagens em termos de custo e logística, pois diminui o gasto com deslocamento e economiza-se tempo, além de permitir certa generalização para o restante da população. É a mais representativa técnica não-probabilística, pois os sujeitos têm a mesma chance de serem selecionados.

É muito utilizada em pesquisas de comunidades e, neste caso, escolhe-se um local bastante movimentado onde haja um pequeno comércio local ou feira e que os indivíduos da localidade tenham a possibilidade de serem localizados.

III) Amostragem por tipicidade

Procura-se um subgrupo que seja típico em relação à população como um todo. Tal subgrupo é utilizado como barômetro da população. Restringem-se as observações a ele, e as conclusões obtidas são generalizadas para o total da população. (MARCONI; LAKATOS, 1996)

> Exemplo extraído de Marconi e Lakatos (1996):
>
> Pesquisa de um grupo típico de drogados visando obter dados sobre os fatores que levaram os consumidores de drogas injetáveis a partilharem seringas e agulhas, apesar da elevada possibilidade de serem contaminados pela AIDS.

Fonte: Marconi e Lakatos (1996, p. 48)

A amostragem por tipicidade, segundo Vergara (2000, p.51), é "constituída pela seleção de elementos que o pesquisador considere representativos da população-alvo, o que requer profundo conhecimento dessa população".

IV) Amostragem por quotas

É a técnica não-probabilista mais utilizada em levantamentos de mercado, prévias eleitorais e sondagem de opinião pública. Segundo Marconi e Lakatos (1996, p. 49) esta técnica é composta das seguintes etapas:

1. classificar, estratificar;
2. construção de uma maqueta da população a ser pesquisada, com a determinação da amostra total, da proporção da população a ser colocada em cada estrato;
3. fixação de quotas para cada entrevistador.

As fases 1 e 2 assemelha-se à amostragem estratificada. Entretanto, na última fase, a escolha pessoal do pesquisador, inteiramente livre substituindo o sorteio aleatório por uma técnica de coleta de dados não-probabilística pode ser intencional, acidental, por conglomerados, etc.

Exemplo: Pesquisa relativa à opinião dos habitantes de um município sobre o desempenho do prefeito.

O pesquisador deve entrevistar = 100 pessoas

População geral:

100% (52% mulheres e 48% homens),

14% entre 16 e 25 anos incompletos,

36% entre 25 e 45 incompletos,

36% entre 45 e 65 incompletos

14% com 65 ou mais.

10% classe econômica A, 15% B, 25% C, 50% da D

Quadro 14: Amostragem por quotas

Sexo/quantidade	Idade	Classe socioeconômica
Mulheres (52)	16 -25 = (14% de 52) = 7,28 = 7	A (10% de 7) = 0,7 = 1 B (15% de 7) = 1,05 = 1 C(25% de 7) = 1,75 = 2 D (50% de 7) = 3,5 = 3
	25 – 45 = (36% de 52) = 18,72 = 19	A (10% de 19) = 1,9 = 2 B (15% de 19) = 2,85 = 3 C(25% de 19) = 4,75 = 5 D (50% de 19) = 9,5 = 9
	45 -65 = (36% de 52) = 18,72 = 19	A (10% de 19) = 1,9 = 2 B (15% de 19) = 2,85 = 3 C(25% de 19) = 4,75 = 5 D (50% de 19) = 9,5 = 9
	65 e mais = (14% de 52) = 7,28 = 7	A (10% de 7) = 0,7 = 1 B (15% de 7) = 1,05 = 1 C(25% de 7) = 1,75 = 2 D (50% de 7) = 3,5 = 3
Homens (48)	16 -25 =(14% de 48) = 6,72 = 7	A (10% de 7) = 0,7 = 1 B (15% de 7) = 1,05 = 1 C(25% de 7) = 1,75 = 2 D (50% de 7) = 3,5 = 3

25 – 45 = (36% de 48) = 17,28 = 17	A (10% de 17) = 1,7 = 2 B (15% de 17) = 2,55 = 3 C(25% de 17) = 4,25 = 4 D (50% de 17) = 8,5 = 8
45 -65= (36% de 48) = 17,28 = 17	A (10% de 17) = 1,7 = 2 B (15% de 17) = 2,55 = 3 C(25% de 17) = 4,25 = 4 D (50% de 17) = 8,5 = 8
65 e mais = (14% de 48) = 6,72 = 7	A (10% de 7) = 0,7 = 1 B (15% de 7) = 1,05 = 1 C(25% de 7) = 1,75 = 2 D (50% de 7) = 3,5 = 3

Fonte: Adaptado de Marconi e Lakatos (1996).

IV) Amostragem voluntária

Ocorre quando o componente da população se oferece voluntariamente para participar da pesquisa, independentemente do julgamento do pesquisador. Contudo, através deste tipo de técnica não se podem fazer generalizações para o restante da população.

2. INSTRUMENTOS PARA COLETA DE DADOS

O método de coleta de dados pode influenciar a confiabilidade de uma pesquisa ou avaliação, logo é muito importante selecionar o método correto.

Os principais instrumentos de coleta de dados, utilizados na área social, são o questionário, a entrevista e a observação.

I) Questionários

É uma técnica de investigação onde o pesquisador redige questões, que serão apresentadas por escrito aos indivíduos sem a presença do entrevistador. Geralmente é enviada pelo correio ou por portador.

As perguntas devem ser bem redigidas, traduzindo assim, os objetivos da pesquisa, buscando o conhecimento de opiniões, crenças, interesses, expectativas, etc.

A forma, o conteúdo, a escolha, a formulação, a quantidade e a ordem das perguntas são de suma importância para uma boa pesquisa/avaliação.

Quanto à formulação das perguntas estas podem ser:

- abertas (o interrogado responde com suas palavras);
- fechadas (todas as respostas possíveis são pré-fixadas, ou seja, são de múltipla escolha;
- por duplicidade (inclui perguntas fechadas e abertas).

II) Entrevistas

Em uma entrevista já uma interação entre entrevistador e entrevistado, ou seja, as questões são propostas face a face ao entrevistado, com diálogo direto ou por telefone.

Esta técnica de investigação social pode ser utilizada para qualquer tipo de assunto. O bom entrevistador deve conduzir a entrevista de forma descontraída e amistosa. Assim, é imprescindível o cuidado no processo de seleção e treinamento dos entrevistadores, pois, o sucesso desta abordagem está diretamente relacionado com a relação entrevistador e entrevistado. (HAIR JÚNIOR, 2003)

Existem dois tipos de entrevista:

- A padronizada ou estruturada quando segue um roteiro[28] ou formulário[29] e,
- A despadronizada ou não estruturada - diálogo livre e aberto (informal).

III) Observação

É uma técnica de coleta de dados, que consiste em basicamente em uma inspeção visual e auditiva, contudo o observador pode também cheirar e tocar para o exame de fatos ou fenômenos que se desejam estudar. (MARCONI; LAKATOS, 1996).

A coleta dos dados pode ser feita por observação direta (face a face) ou por meios eletrônicos como vídeos. Assim, o pesquisador tem um contato mais direto com a realidade.

Deve se estabelecer *a priori* o grau de participação do observador e a duração das observações, planejando O QUE e COMO observar, bem como deverá ser feito o seu registro.

Assim, uma observação é considerada científica quando:
- é sistematicamente planejada
- é registrada metodicamente

- é sujeita a verificação e controles de validade e precisão
- Serve a um objetivo formulado de pesquisa

O Quadro a seguir traz as principais vantagens e desvantagens de cada instrumento de coleta de dados.

Quadro 15 Vantagens e desvantagens das técnicas de coleta de dados

ESPECIFICAÇÃO	VANTAGENS	DESVANTAGENS
Questionário	* Possibilita atingir um grande número de pessoas * Menores gastos com pessoal - não exige treinamento * Garante o anonimato das respostas * As respostas podem ser dadas em qualquer momento * Os pesquisados não são influenciados	* Exclui os analfabetos * Impede o auxílio a esclarecimentos * Impede o conhecimento das circunstâncias em que foi respondido * Perdem-se ou não são respondidos por completo * Número restrito de perguntas os itens podem ter significado diferente para cada pesquisado.
Entrevistas	* Captação imediata da informação * Pode atingir pessoas com qualquer nível de instrução * Fornece uma amostragem muito melhor da população geral * Maior flexibilidade - o entrevistador pode esclarecer perguntas * Maior oportunidade de avaliar condutas	* Dificuldade de expressão e comunicação * Fornecimento de respostas falsas por razões conscientes e inconscientes * Dificuldades do entrevistado em responder ou por falta de cultura ou por problemas psicológicos * O entrevistado pode ser influenciado pelo entrevistador * Custos de treinamento de pessoal e a aplicação das entrevistas * Ocupa muito tempo e é mais difícil de ser realizada
Observação	* Chegar mais perto das perspectivas dos sujeitos * Útil para descobrir aspectos novos de um problema * Importante quando não existir uma base teórica sólida que oriente a coleta de dados * Permite a coleta de dados em situações em que formas de comunicação são impossíveis	* O pesquisador pode provocar alterações no comportamento do grupo observado * O observado tende a criar impressões favoráveis ou desfavoráveis no pesquisador, favorecendo a interpretação pessoal - juízo de valor. * Envolvimento que leva a uma visão distorcida ou a uma repre-

* Possibilita meio direto e satisfatório para estudar uma ampla variedade de fenômenos * Exige menos do observador do que outras técnicas * Depende menos da introspecção ou da reflexão * Permite a evidência de dados não constantes do roteiro de entrevistas ou de questionários.	sentação parcial da realidade * Fatores imprevistos podem interferir na tarefa do pesquisador * A duração dos acontecimentos é variável dificultando a coleta de dados * Vários aspectos da vida cotidiana, particular podem não ser acessíveis ao pesquisador.

Fonte: Adaptado de Marconi e Lakatos (1996).

3. MÉTODOS DE ABORDAGEM

Em uma política, programa ou projeto social, sempre existirá uma situação anterior e posterior a intervenção que devem ser comparados para averiguar se o programa obteve ou não o efeito pretendido. (CANO, 2006)

Na área social (pesquisa social) podemos fazer comparações utilizando o método experimental e o método quase-experimental.

> A abordagem experimental é a mais adequada ao exame de relações de causa e efeito. Requer a criação/ definição de grupo experimental e grupo de controle (grupo não exposto à intervenção). Usualmente, procura-se manter constantes as características de ambos os grupos e efetuar seleção aleatória dos seus componentes. (ENAP, 2007, p. 7)

Quadro 16: Abordagem experimental

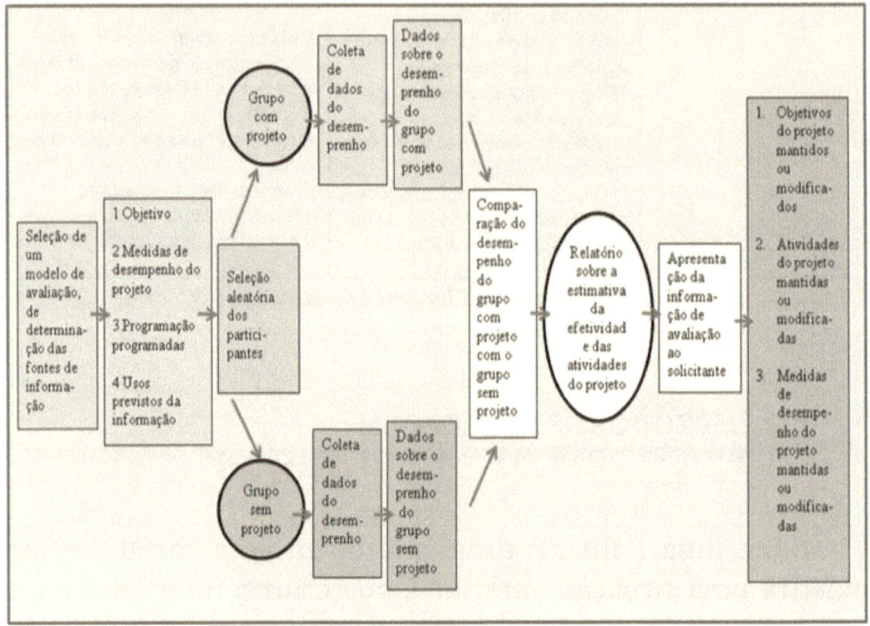

Fonte: Adaptado de Cohen e Franco (1993).

A abordagem quase-experimental é utilizada em situações onde não é possível formar grupos de controle. Neste tipo de abordagem, examina-se o momento anterior e o momento posterior a uma política ou programa. (ENAP, 2007, p. 7)

Quadro 17: Abordagem quase-experimental

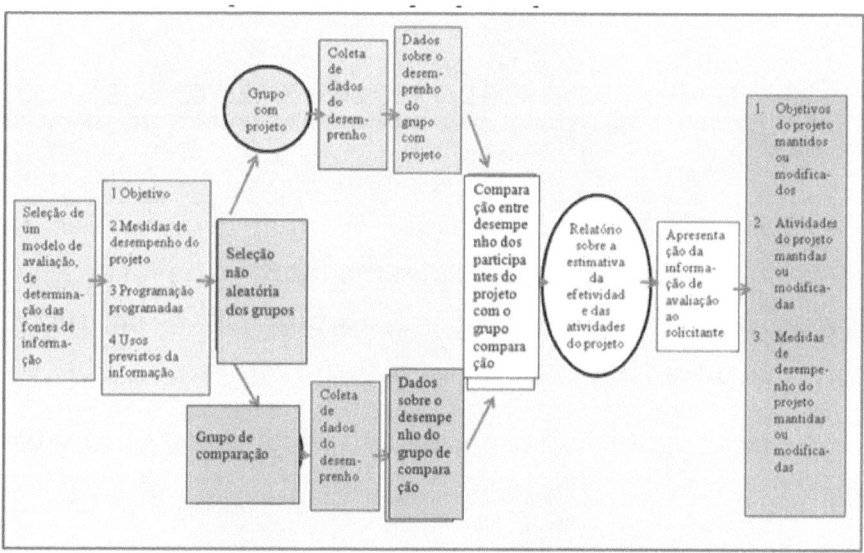

Fonte: Adaptado de Cohen e Franco (1993).

A seleção do grupo experimental e do grupo de controle é feita de maneira aleatória. Assim, todos os indivíduos têm igual chance de serem sorteados. A diferença fundamental entre uma abordagem experimental e a quase-experimental é a aleatoriedade na seleção dos indivíduos, pois, na abordagem quase-experimental os sujeitos são selecionados por técnicas não-probabilísticas.

Normalmente, a avaliação por comparação usando o método experimental visa retirar os efeitos externos que impactam o projeto. Ao comparar o conjunto de indivíduos com e sem projeto, percebe-se se a melhoria nas condições foi conseguida puramente pelo projeto, ou se houve interferências externas. Caso haja uma melhoria substancial na realidade do grupo de controle (sem projeto) houve fatores externos influenciando.

4. FORMAS E PASSOS DO PROCESSAMENTO DOS DADOS

O processamento, análise e interpretação das informações coletadas ou fatos observados permite identificar e distinguir os erros e acertos do projeto, programa ou política social, mas antes deste processo é preciso organizar os dados.

Então após a coleta dos dados teremos os seguintes passos:

1) Tabular dos dados

Abramo (1979) apud Marconi e Lakatos (1996, p. 130) define tabulação como sendo "a arrumação dos dados em tabelas, de maneira a permitir a verificação das relações que elas guardam entre si". A principal operação da tabulação é a contagem/cálculo para a verificação de quantas vezes ocorreram determinados fatos ou características.

2) Análise e interpretação dos dados

Nesta etapa analisam-se as possíveis relações entre o modelo utilizado e a realidade social identificando os erros e acertos.

Procura-se, dentro do possível, quantificar os dados transformando os dados em: porcentagens, médias, moda, medianas, comparações de frequências, indicadores, etc.

3) Elaboração do relatório e divulgação

Segundo Marino (2003, p. 81) para assegurar a "qualidade e a exequibilidade das conclusões do processo avaliatório é preciso, primeiro, produzir relatórios em um curto espaço de tempo e, segundo, produzir documentos "enxutos", sucintos, de fácil compreensão e leitura".

Assim, a estrutura do relatório deve conter: resumo, caracterização do projeto, o plano de avaliação, as conclusões e as recomendações (caso necessite).

Marino (2003) enumera as seguintes dicas para a consecução de um bom relatório: seja sucinto e claro, use frases curtas, o layout e os espaços devem ser planejados, use subtítulos, destaque os pontos-chave, use formas simples para apresentar resultados (listas, tabelas, figuras, gráficos), evite longas notas de rodapé, faça uma revisão cuidadosa do relatório e entregue em tempo.

Esta estrutura lógica permite aprimorar a qualidade dos projetos, programas e políticas sociais, garantindo assim o sucesso da avaliação.

SÍNTESE

Existem basicamente dois tipos de técnicas para coletar os dados disponíveis: as técnicas probabilísticas e as técnicas não-probabilísticas. As técnicas probabilísticas permitem generalizações com base nas amostras (elementos da população possuem a mesma probabilidade /chance de serem selecionados. As principais amostras probabilísticas são: aleatória simples, estratificada, sistemática, por conglomerados e por estágios múltiplos. Já nas técnicas não-probabilísticas (não-aleatórias) há uma escolha deliberada dos elementos da população. Destacam-se a amostra intencional, acidental, por tipicidade, por quotas e voluntária. Os principais instrumentos de coleta de dados são os questionários, as entrevistas e a observação. A abordagem experimental requer a criação/definição de grupo experimental e grupo de controle (grupo não exposto à intervenção). A abordagem quase-experimental é utilizada em situações onde não é possível formar grupos de controle. A diferença fundamental entre uma abordagem experimental e a quase-experimental é a aleatoriedade na seleção dos indivíduos. Definidos os passos supracitados chega a hora da tabulação, análise dos dados e da escrita do relatório final.

QUESTÕES PARA REFLEXÃO

Para que levantar informações?

Quais os métodos de coleta existentes?

Como escolher o melhor método?

Como aplicar os diferentes métodos?

SITES INDICADOS

IBGE - Instituto Brasileiro de Geografia e Estatística:

www.ibge.gov.br

REFERÊNCIAS

BARBETTA, Pedro Alberto. **Estatística aplicada às ciências sociais**. 7. ed. Santa Catarina: UFSC, 2001.

CANO, Ignácio. **Introdução à avaliação de programas sociais**. 2 ed. Rio de Janeiro: Editora FGV, 2004.

COHEN, Ernesto; FRANCO, Rolando. **Avaliação de Projetos Sociais**. Petrópolis: RJ: Vozes, 1993.

COOPER, Donald R.; SHINDLER, Pamela S. **Métodos de pesquisa em Administração**. 7 ed. Porto Alegre: Bookman, 2003.

CRESPO, Antonio Arnot. **Estatística fácil**. 17 ed. São Paulo: Saraiva, 2002.

ESCOLA NACIONAL DE ADMINISTRAÇÃO PÚBLICA – ENAP. Glossário: acompanhamento, monitoramento e avaliação dos programas e projetos sociais do Fundo nacional de Desenvolvimento da Educação. Brasília, 2007. Disponível em:< http://www.enap.gov.br/> Acesso em 10 set. 2011.

HAIR JÚNIOR, Joseph F. et al. Fundamentos de métodos de pesquisa em administração. Porto Alegre: Bookman, 2003.

LEVIN, J.; FOX, J. A. Estatística para ciências humanas. 9. ed. São Paulo: Editora Pearson, 2004.

MARCONI, marina de Andrade. Técnicas de pesquisa: planejamento e execução de pesquisas, amostragens e técnicas de pesquisas, elaboração, análise e interpretação de dados. 3 ed. São Paulo: Atlas, 1996.

MARINO, Eduardo. Manual de Avaliação de Projetos Sociais. 2. ed. São Paulo: Saraiva: Instituto Ayrton Sena, 2003.

PEREIRA, Roberval Eloy. A consolidação de escolas unidocentes como política de educação para a zona rural no estado do Paraná. São Paulo: Annablume/Fundação Araucária, 2002.

POCINHO, Margarida. **Amostras:** teoria e exercícios passo-a-passo.2009. Disponível em:< http:// docentes.ismt.pt/~m_pocinho/calculo_de_amostras_teorias.pdf. Acesso: 05 jan. 2012.

REA, Louis M.; PARKER, Richard A. **Metodologia de pesquisa:** do planejamento à execução. São Paulo:Cengage Learning, 2000.

REZENDE, Oscar Luiz Teixeira de.; FREITAS, Rony Cláudio de Oliveira. **Estatística descritiva.** Vitória (ES): CEFETES, [s.d]. Disponível em:< ftp://ftp.cefetes.br/Cursos/Matematica/Gelson/ Estatistica/Estatistica_Descritiva.pdf> Acesso em: 04 mai.2011.

TAVARES, Marcelo. **Estatística aplicada à Administração.** Ministério da Educação: Sistema Universidade Aberta do Brasil, 2007. Disponível em:< http://www.uapi.ufpi.br/conteudo/ disciplinas/estatistica/download/ Estatistica_completo_revisado.pdf> Acesso em: 20 mai 2011.

VERGARA, Sylvia Constant. **Projetos e relatórios de pesquisa em administração.** 3. ed. São Paulo: Atlas. 2000.

---

[1] Realizada antes da escrita dos objetivos e metas do projeto de intervenção social.

[2] Feita após implementação do projeto de intervenção social.

[3] Assunto visto no capítulo 2.

[4] A mais utilizada é a planilha do Excel da Microsoft.

[5] Este conteúdo será aprofundado nos próximos capítulos.

[6] Ambiente externo ao projeto, ao programa ou à política.

[7] Atores e recursos internos do projeto.

[8] Nos próximos capítulos, serão aprofundados os estudos sobre metodologias da avaliação.

[9] Ver seção 2.

[10] Agentes que constituem o tecido social e cuja participação é importante para a consecução das ações, como: instituições de fomento (SEBRAE, IEL, Universidades e até organizações do Terceiro Setor, etc.)

[11] Pode ser classificado como um programa assistencialista, paliativa.

[12] Pode ser classificada como um programa promocional.

[13] Pode ser classificada como um programa de investimento em capital humano.

[14] Possui programas assistencialistas e de capital humano

[15] Coletados no campo através de observação, questionários ou entrevista com o público-alvo.

[16] Neste caso específico a ineficiência é baixa, pois o índice foi cerca de 0,95. Assim, poucos ajustes deverão ser feitos no programa.

[17] No estabelecimento de metas é sempre pertinente que se verifique a previsão do índice de inflação para aquele determinado período e que na hora de estabelecer o orçamento incluir este percentual. Muitas vezes, por precaução alguns gestores de projetos sociais compram os insumos de uma única vez e estoca para evitar este tipo de problema.

[18] Termo originário do latim indicare, que significa descobrir, apontar, estimar.

[19] Conjunto de elementos que se deseja estudar. Ex. moradores de um bairro.

[20] Características ou variáveis. Os atributos variam em magnitude e sua expressão numérica é uma medida.

[21] Estudo pelo exame de todos os elementos da população.

[22] O número de elementos, nesse caso, é muito elevado, sendo considerado infinito. Por exemplo: A população da cidade de Salvador, Bahia. A população da Boca do Rio.

[23] Estudo pelo exame de uma parte da população.

[24] A representatividade está relacionada com composição da amostra: quando é igual ou similar à do universo, amostra é representativa.

[25] É o método que parte de premissas encontradas em uma situação particular (amostra) para generalizações (população). Assim, o resultado encontrado na amostra será extrapolado para a população.

[26] A aleatoriedade se refere à forma de procedimento de seleção dos indivíduos que compõe a amostra.

[27] Diferença entre o valor que a estatística pode acusar e o verdadeiro valor do parâmetro que se deseja estimar. Ocorre quando um pesquisador admite errar na avaliação dos parâmetros de interesse numa população: Ex.: O resultado de uma pesquisa eleitoral: Candidato A = 20%, com 2% de erro amostral (entre 18% e 22%).

[28] Uma lista de tópicos que deverão ser abordados pelo entrevistador.

[29] Segue a mesma estrutura do questionário (perguntas abertas e/ou fechadas)

www.ingramcontent.com/pod-product-compliance
Lightning Source LLC
Chambersburg PA
CBHW030628220526
45463CB00004B/1451